ÉCOLE MILITAIRE DE L'INFANTERIE
ET DES CHARS DE COMBAT

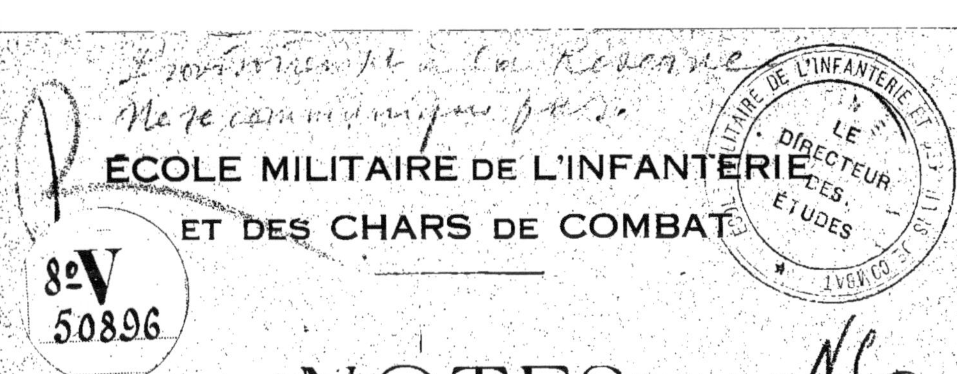

NOTES
pour
OFFICIER DE RENSEIGNEMENTS
de Régiment d'Infanterie

TEXTE ET CROQUIS

SAINT-MAIXENT-L'ÉCOLE
IMPRIMERIE DE L'ÉCOLE MILITAIRE

1930

RENSEIGNEMENTS

PREMIÈRE CONFÉRENCE

LE RENSEIGNEMENT

Les sources de renseignements

Généralités - Organisation

Il a été défini dans le Cours d'Emploi des Armes que la *sûreté* résultait :

1) *du renseignement*, qui procure le temps.

2) *du dispositif des troupes*, dont certains éléments portent suivant le cas, les appellations d'avant-garde, arrière-garde, flanc-garde, avant-postes, et qui procurent le temps et l'espace nécessaires à toute manœuvre.

L'exposé ci-dessous a pour objet :

a) de préciser : l'importance du renseignement, le but du service des renseignements en général et son organisation dans les grandes unités et corps de troupes.

b) de donner quelques aperçus succincts sur les différentes sources de renseignements.

I

La guerre de 1914-1918 a une fois de plus confirmé l'importance du renseignement au point de vue tactique.

Que ce soit en effet *pendant la période de préparation d'une action, l'action elle-même ou après l'action*, le Commandement et les exécutants doivent savoir, chacun en ce qui les concerne :

Quelle est la situation des troupes amies.

Quelle est, autant que possible, celle de l'ennemi.

Grâce au renseignement, il sera loisible au Chef quel qu'il soit :

de préciser une *idée de manœuvre*, élément fondamental de l'ordre donné,

de fixer initialement un *dispositif* en fonction de cette idée de manœuvre,

de modifier ce dispositif dès réception de certaines données concernant la nature, la force, le nombre des moyens de défense opposés par l'ennemi,

de disposer enfin du *temps* voulu pour réaliser ce dispositif malgré l'ennemi et à l'abri des atteintes de ses moyens d'actions essentiels.

Bref, *commander c'est se renseigner* à tout moment pour pouvoir poursuivre la réalisation de sa décision, au mieux des circonstances, selon la situation de ses propres forces et les agissements de l'ennemi.

Le renseignement apparaît donc comme un *élément déterminatif de la décision* du chef ; c'est un de ses facteurs essentiels.

II

Le service des Renseignements a pour but :

1) De faire connaître la *situation des troupes amies.*

Cette connaissance s'obtient par le *Compte rendu*, relation sommaire, verbale ou écrite, d'un fait ou d'une situation, établie au moment où les évènements viennent à se produire.

Par l'emploi de ce procédé le service des renseignements participe dans une certaine mesure aux *liaisons*. Il assure en effet, par la diffusion d'un renseignement concernant les troupes amies, la coopération intime des unités ayant une mission commune.

2) De fournir des informations aussi complètes que possible sur la *situation générale et particulière de l'ennemi.*

Avant la guerre, on estimait que le renseignement sur l'ennemi serait fourni par le combat, les reconnaissances d'escadrilles d'armée ou les recherches des organes particuliers du 2e Bureau. La pratique amena rapidement à développer ces anciens organes. En outre dès les premiers mois de la campagne apparurent de multiples moyens de recherches de plus en plus perfectionnés, en particulier les services d'observation de l'aviation, de l'artillerie, des écoutes, de la radiogonométrie.

3) de *déceler les intentions de l'ennemi*, pour permettre au commandement de profiter de ses points faibles afin de l'attaquer et de se mettre en mesure de parer à ses intentions offensives s'il y a lieu.

4) De *défendre nos troupes contre le service de renseignements ennemi* et de les instruire sur la nécessité de se protéger de l'observation, de l'investigation aérienne, d'utiliser le camouflage, de conserver le secret des opérations.

Dès lors, apparaît à tous les échelons, le rôle du service de renseignement et les *opérations fondamentales* qu'il comporte, savoir :

1. — La recherche du renseignement.

Les renseignements sur la situation des troupes amies ne donnent lieu en général à aucune difficulté. Au contraire les renseignements sur l'ennemi sont extrêmement difficiles à recueillir, celui-ci mettant naturellement autant d'ardeur que nous à se soustraire aux investigations adverses.

La recherche ne doit donc négliger aucun moyen ; cela conduit précisément à la création d'organes, dénommés *organes de recherches*, dont les procédés basés sur les applications scientifiques les plus nouvelles, sont extrêmement variés.

2. — La transmission du renseignement.

Il ne servirait à rien d'établir des ordres parfaits, de rédiger des comptes-rendus aussi complets que possible, si les uns ne pouvaient parvenir aux exécutants et si les autres n'atteignaient le commandement ; or, le Chef et l'exécutant sont pratiquement séparés, ils doivent donc employer certains moyens qui leur permettront de s'affranchir autant que possible des sujétions de temps et d'espace.

Cet ensemble de moyens constitue les *transmissions*.

Le service de Renseignement touche ainsi au service des Transmissions. L'Officier de renseignement n'a pas à savoir *comment* transmettre et effectivement transmettre. Ce rôle n'est pas dans ses attributions. Mais il intervient auprès du Service des Transmissions pour déterminer ce qu'il *faut transmettre* et à *quel moment* il faut transmettre, suivant le caractère d'urgence.

3. — La vérification et l'interprétation des renseignements.

Les renseignements une fois transmis à l'autorité supérieure, celle-ci a le devoir de les vérifier et de les interpréter. L'autorité à qui incombent ces deux opérations est le 2ᵉ Bureau des D. I. C. A. et surtout Armée, échelon auquel parvient le maximum d'informations.

Cette vérification a pour but de s'assurer que le renseignement provient d'une source digne de foi, qu'il se rapporte à un objet défini, qu'il présente les caractères d'exactitude, de véracité et d'authenticité.

Elle procède par analyse, utilise la répétition et le regroupement des informations.

L'interprétation a pour but de traduire, de rendre accessible (sous une forme numérique, topographique parfois) la nature du renseignement.

4. — Exploitation des renseignements.

Exploiter un renseignement, c'est retirer de lui le maximum d'utilité et de la masse des renseignements recueillis dégager une idée tactique d'ensemble, offensive ou défensive.

Cette exploitation est faite par le service des renseignements ; elle peut être immédiate ou ultérieure.

Elle est *immédiate* quand elle suit sans aucun délai la réception du renseignement. Cette exploitation se traduit par la transmission immédiate des données contenues dans le renseignement aux unités subordonnées directement intéressées. Elle a sur les opérations un effet rapide mais restreint.

Elle est *ultérieure* quand elle suit à plus ou moins longue échéance la réception du renseignement. Elle résulte de la confrontation d'un renseignement avec d'autres renseignements, opération lente et prudente qui suppose de nombreux documents souvent contradictoires.

Elle est susceptible d'effets généraux importants, d'amplitude et de portée indéterminées.

Organisation du Service des Renseignements
dans les grandes unités

Le service des Renseignements existe à *tous les échelons* du Commandement. Il est assuré ;

1) A l'échelon *Armée* et à l'échelon Corps d'Armée par le 3e Bureau de l'Etat-Major, travaillant sous la haute direction du Chef d'Etat Major.

2) De l'échelon Division aux Corps de troupes par les officiers des renseignements.

1. — Echelon Armée et Corps d'Armée. — Le 2e Bureau.

1° **Attribution.**

a) La recherche des renseignements.

b) L'exploitation du renseignement et la tenue à jour de l'ordre de bataille des armées ennemies.

c) La défense contre le service de renseignement ennemi.

d) Les affaires politiques.

e) Le service topographique (groupes de canevas de tir et sections topographiques).

2° **Composition.** — Un chef de bureau et un certain nombre d'officiers répartis en plusieurs sections.

A. — Section d'ordre de bataille.

B. — Section des organisations défensives. Equipement du front ennemi.

C. — Section de l'artillerie et du service radio.

Dès qu'un renseignement arrive (on étudiera plus loin l'origine et la provenance des renseignements), grâce à cette répartition, il peut être remis sans retard à un *spécialiste*, chargé de l'étudier et de l'interpréter.

C'est l'étude et l'interprétation de tous ces renseignements qui permet au 3ᵉ Bureau de renseigner à tout moment le commandement sur l'activité de l'ennemi et en particulier sur les points suivants :

1. — Ordre de bataille de l'ennemi, effectifs, emplacement des réserves, valeur du Commandement et de la Troupe.

2. — Mouvements de l'ennemi.

3. — Détail des organisations défensives.

4. — Objectifs de bombardement éloignés pour notre artillerie et notre aviation.

5. — Emplacements et activité de l'artillerie ennemie.

6. — Activité de l'aviation ennemie et emplacement de ses installations.

7. — Situation matérielle et morale des régions occupées par l'ennemi.

8. — Situation matérielle et morale de l'ennemie.

Etant en possession de ces renseignements le Commandement décide.

A côté des 2ᵉˢ Bureaux qui ont surtout un rôle d'information et d'interprétation, et à partir de l'échelon Division, il existe en outre des organes topographiques, cartographiques et techniques, qui travaillent pour le compte des 2ᵉˢ Bureaux. Ces organes, créés en raison de l'abondance des documents à fournir, ont surtout pour rôle de donner aux résultats une forme cartographique.

On distingue à l'Armée :

Le groupe de canevas de tir de l'Armée (G. C. T. A.).

La section topographique de Corps d'Armée (S. T. C. A.).

2. — De l'échelon Division aux corps de troupe.

L'officier de renseignement.

A l'échelon Division, il existe un officier de renseignement divisionnaire assisté d'un officier interprète ; l'organe topographique est appelé section topographique de division de ligne (S.T.D.I.). Il comprend : 1 officier, 4 sous-officiers, caporaux et soldats (3 géomètres-topographes, 1 dessinateur).

Les attributions de la S.T.D.I. sont les suivantes :

1° Reconnaître et étudier le tracé des organisations françaises et ennemies :

2° Fixer les renseignements sur les croquis ;

3° Tenir à jour les plans intéressant la Division.

L'officier de renseignement de la Division joue par rapport à la S. T.D.I. et aux différents organes de recherches le même rôle que le 2e Bureau de C. A. par rapport à la S.T.C.A. et aux organes de recherche du C.A.

3. — A l'échelon « Corps de Troupes ».

I. — Infanterie.

a) Régiment d'infanterie type Nord-Est : régiment d'infanterie métropolitaine ou coloniale, régiment de zouaves, régiment de tirailleurs Nord-Africains, régiment de tirailleurs coloniaux, demi-brigade de chasseurs à pied : *Un officier de renseignement.*

Bataillon de chasseurs à pied, bataillon de chasseurs mitrailleurs, bataillon de chasseurs mitrailleurs indigènes et coloniaux, groupe de chasseurs cyclistes : *Un sous-officier de renseignement.*

b) Régiment d'infanterie, type montagne ou demi-brigade de chasseurs :

Un officier de renseignements.

c) Régiment d'infanterie, type méditerranéen (régiment de tirailleurs Nord-Africains) : *Pas d'officier ou de sous-officier de renseignement.*

2. — Artillerie.

Un officier de renseignement à l'État-Major des unités suivantes :

Régiment d'artillerie légère divisionnaire hippomobile.

Régiment d'artillerie lourde divisionnaire hippomobile.

Régiment d'artillerie lourde de Corps d'Armée hippomobile.

Régiment d'artillerie de montagne hippomobile.

Régiment d'artillerie lourde hippomobile de réserve générale (type normal).

Régiment d'artillerie lourde hippomobile de réserve générale (type réduit).

Pas d'officier de renseignement aux :

Groupes de 75 de division légère.

Régiment d'artillerie légère ou lourde portée.

Régiment d'artillerie lourde à tracteurs.
Régiment d'artillerie lourde à tracteurs (type réduit).
Régiment d'artillerie lourde sur voie ferrée.
Régiment d'artillerie de position.
Régiment d'artillerie de tranchée.

3. — Aviation.

Un officier de renseignement à l'Etat-Major des unités suivantes :
Groupe de reconnaissance de régiment d'aviation d'armée.
Groupe de chasse de jour.
Groupe de chasse de nuit.
Groupe d'aviation de bombardement.
Groupe d'aviation de bombardement gros porteurs.
Il n'y a pas d'officiers de renseignement à l'Etat-Major des groupes d'observation.

4. — Cavalerie.

Un officier de renseignements à l'Etat-Major des unités suivantes :
Régiment de cavalerie endivisionné.
Régiment de cavalerie de Corps d'armée.

IV. — Pendant la bataille, pour que le commandement recueille dans la zone de l'avant les renseignements nécessaires à ses décisions, un organe fonctionne à hauteur des P. C., des régiments d'infanterie : c'est le Centre de Renseignements avancé (C. R. A.) chargé de coordonner leur recherche, puis d'assurer leur transmission.

Le C.R.A. — dit l'Instruction provisoire sur l'organisation et le fonctionnement des liaisons et transmissions — est d'un emploi normal dans la Division. Il est installé à proximité du P.C. d'une des unités subordonnées (I.D. et P.C. de régiment) toutes les fois que la situation le permet. Il doit être en mesure :

De recevoir les renseignements des Régiments (et éventuellement du char T.S.F.).

De les transmettre à la Division.

De rechercher, le cas échéant, des renseignements par ses propres moyens.

Le C.R.A. dispose d'un personnel spécialisé (en particulier des observateurs) et des moyens de transmission puissants (Téléphone, T.S.F., optique, estafettes, automobilistes, motocyclistes). Son chef est soit un officier des 2ᶜˢ Bureaux (Corps d'Armée), soit un officier des 3ᵉˢ Bureaux (Division).

Le C. T. A. (centre de transmission avancé), a le même rôle que le C. R. A. Il est formé, à l'intérieur du régiment d'Infanterie, par les soins de l'officier de renseignements du régiment. Il dispose des moyens de transmission du corps.

Les sources de renseignements

Les 2ᵉˢ Bureaux et les Officiers de renseignements, dans leur rôle de
« recherche » du renseignement, doivent faire appel à un certain
nombre de *sources*. Celles-ci sont relativement nombreuses et variées.
Aussi, les renseignements qui en émanent peuvent-ils être classés
dans les catégories ci-après :

1. — Renseignements provenant des organes de recherches régimentaires.

Ces organes de recherches sont :

a) L'OBSERVATION TERRESTRE.

L'observation terrestre est un moyen particulièrement important
de recherche. Elle fera l'objet d'une conférence et d'une instruction
ultérieures et il sera dit plus loin comment l'officier de renseignement
régimentaire doit utiliser toutes les possibilités d'observation que
lui offre le terrain confié à la garde de son unité et orienter son personnel dans la recherche des renseignements à recueillir par la vue
directe.

b) L'OBSERVATION PAR CONTACT.

L'observation par contact est faite par les patrouilles ou reconnaissances effectuées par les unités en ligne. Celles-ci sont nécessaires
pour préciser certains points que l'observation terrestre directe ne
peut contrôler. Il arrive parfois en effet que des parties de la ligne
ennemie échappent aux yeux des observateurs par suite de couverts
ou d'angles morts.

2. — Renseignements provenant de l'ennemi.

L'ennemi nous fournit des renseignements sur sa propre situation
par deux moyens :

a) *Les prisonniers et les déserteurs.*

Les prisonniers constituent une source extrêmement importante
de renseignements, à condition que ceux qui les interrogent procèdent
d'une manière logique et méthodique. La connaissance de la langue
est, bien entendu, un gros avantage. Les prisonniers « rendent » plus
ou moins bien suivant les conditions de leur capture, leur origine
sociale, leur grade, leur éducation militaire. Certains refusent de
parler, ce qui est leur droit, d'autres tâchent d'égarer l'interrogateur.

Quant aux déserteurs, ils racontent toujours ce qu'ils ont vu, ils
y mettent une certaine complaisance, dont il faut se méfier d'ailleurs.
Le soldat capturé pendant la bataille, le déserteur dont la fuite est

hérissée d'embûches, arrivent souvent fort déprimés dans nos lignes. Il est, dans ces conditions, difficile de leur faire subir un interrogatoire détaillé — mais il est cependant nécessaire de les interroger sommairement — car ce sont souvent les premières réponses qui sont les plus sincères. Ce premier interrogatoire exige beaucoup de doigté et il incombe à l'officier de renseignements. Il est renouvelé en détail à la D.I., au C.A. ou à l'Armée.

Il est donc sage de nourrir le prisonnier, de lui laisser un repos suffisant. Néanmoins, toute douceur doit être proscrite, la fermeté est de règle.

Pour les rares P.G. qui persistent à ne pas parler, il faut se rappeler qu'une diminution de résistance physique, d'ailleurs facilement amenée par un régime alimentaire approprié, entraîne bientôt et presque souvent une diminution de résistance morale. Aux simples qui se taisent par scrupule, il faut répéter que les autres prisonniers ont parlé avant eux.

Avec les détachements de P.G. de quelque importance, il est toujours recommandé de mêler un interprète déguisé. Dans tout interrogatoire, mélanger les questions dont on connaît soi-même la réponse et celles dont on l'ignore. Cette précaution a pour but de se rendre compte de la sincérité du prisonnier.

S'il hésite à se livrer, sauter d'un sujet à l'autre, afin de le surprendre, lui présenter telle ou telle affirmation afin de provoquer de sa part une contradiction ou une dénégation qui constitueront déjà un renseignement.

Dans ce service, on ne perdra jamais de vue les principes suivants :

1º Il est d'autant plus difficile de tirer des renseignements exacts d'un prisonnier que celui-ci a été interrogé un plus grand nombre de fois par des personnes différentes.

2º L'interrogatoire d'un prisonnier est chose délicate — que seuls peuvent mener à bonne fin des officiers spécialisés dans ce rôle ; sont donc seuls qualifiés :

des officiers d'Etat-Major connaissant à fond la langue ennemie ;

des interprètes très au courant de l'organisation de l'armée ennemie.

3º A chaque échelon (Régiment, Division, C.A.), ne demander aux prisonniers que les renseignements que l'on est en mesure de contrôler et d'exploiter.

4º Vérifier, contrôler, mais ne pas répéter les interrogations déjà faites à l'échelon inférieur.

5° Transmettre sans délai tout renseignement à exploiter d'urgence.

b) *Les papiers ou documents trouvés sur l'ennemi ou objets lui appartenant.*

Les documents de toutes sortes (armes, papiers, effets) trouvés sur les prisonniers, sur les morts, sur le terrain, dans les abris ou localités abandonnés par l'ennemi, sont une source d'information des plus précieuses.

Les Corps de troupe ne possèdent pas les moyens de les étudier. Seul un personnel absolument spécialisé et dressé sera capable d'extraire rapidement et complètement les renseignements épars dans ce fouillis.

Les 2⁰⁸ Bureaux de Division et de C. A. peuvent retenir pour une première exploitation, les documents militaires intéressant leur échelon d'une manière immédiate et inclusive (ordres de contre-attaque dans un secteur déterminé, documents relatifs à l'exécution imminente d'un coup de main sur un point nettement indiqué, etc...).

L'exploitation complète est faite au 2⁰ Bureau de l'Armée par une équipe spéciale de lecteurs. Tous les papiers enlevés aux prisonniers (pièces matricules, plaques d'identité, carnets de prêt) permettant de déduire en particulier l'âge et la classe de l'homme, la date de son incorporation, son arme, le numéro de son régiment, servent à dresser l'ordre de bataille adverse et renseignement sur l'organisation de l'armée ennemie (transports d'unités, création d'unités nouvelles).

Les adresses des lettres saisies sur les P.G., déserteurs ou cadavres, et venant de leur famille, fournissent des renseignements du même ordre.

Les lettres elles-mêmes donnent des indications sur l'état matériel et moral de leur pays, parfois sur les dates d'appel et d'incorporation des jeunes soldats. Ces lettres doivent donc être précieusement recueillies et lues avec soin.

Le compte-rendu faisant connaître le nombre et la nature des objets trouvés sur les prisonniers et cadavres doit être adressé à l'échelon supérieur en même temps que les pièces que l'on peut aisément expédier (pattes d'épaule, écussons, coiffures).

Le terrain abandonné par l'ennemi est, en général, parsemé de débris d'armes, d'équipements. - On doit en recueillir des échantillons et les envoyer à l'arrière. Dans cet ordre d'idées un masque de protection contre les gaz doit toujours être envoyé aux fins d'analyse.

Des instructions et consignes sévères doivent être données pour que les *P. C.* et *abris ennemis* soient, aussitôt l'occupation par nos troupes, *mis à l'abri des déprédations.* Les documents qu'ils contiennent sont acheminés le plus tôt possible sur la D. I. après inventaire par l'officier de renseignements.

De même pour les *localités*, tout chef de détachement qui pénètre le premier dans un village abandonné par l'ennemi doit rechercher et recueillir toutes les traces d'inscriptions permettant d'identifier les éléments ayant occupé la localité, ainsi que tous les papiers et journaux de toute provenance.

Tout militaire qui entend parler de l'atterrissage d'un *ballonnet* doit se préoccuper de la lettre ou du journal qui y était probablement attaché. Certain de ces ballonnets sont quelquefois les indices précurseurs d'une attaque par vague, mention de la direction qu'ils suivaient doit être faite.

Si un aéronef ou avion ennemi tombe dans le sous-secteur tenu par le régiment, *personne ne doit y toucher* avant l'arrivée de l'officier de renseignements, qui doit être immédiatement prévenu et qui doit saisir tous les objets importants qui peuvent disparaître aisément (documents, cartes, armes, instruments de bord).

Tout document est sacré. Nul n'a le droit de l'accaparer en cours de transmission à titre de collection personnelle.

3. — Renseignements provenant de l'Armée.

Le commandement dispose d'organes spéciaux de recherches.

a) *Le service de renseignements de l'artillerie* (S.R.A.) qui utilise d'une part les sections de recherche de renseignements par observatoires terrestres (S.R.O.T.) et les sections de repérage par le son (S.R.S.) et dont il sera parlé dans une conférence particulière.

D'autre part, les renseignements envoyés par les observatoires de toute nature, appartenant en propre à l'artillerie.

b) *Le service de renseignements de l'Aéronautique et de la D.C.A.* qui utilise :

les comptes-rendus des reconnaissances d'avion ;

les photographies aériennes ;

les renseignements émanant des postes de guet et de défense de la D.C.A. ;

les comptes-rendus d'observation des ballons.

c) *Les postes d'écoute téléphonique et de T.P.S.* — Ce sont des organes disposant d'écouteurs spéciaux au moyen desquels ils peuvent capter les conversations téléphoniques ennemies et les messages de T.P.S. On parvient ainsi à connaître la vie du secteur d'en face et à suivre de plus près toutes les manifestations de son activité.

Pour que le personnel des postes puisse être familiarisé avec le secteur, les postes d'écoutes sont, en période de stabilisation, liés au terrain sur lequel ils sont placés, indépendants des troupes qui viennent occuper ce terrain et ils relèvent directement de l'Armée. Ils sont groupés en une section d'écoute rattachée à la Compagnie télégraphique d'Armée.

Chaque poste est entretenu et exploité par un atelier *fixe* ou *mobile*. Les ateliers mobiles sont employés à « prospecter » le terrain en vue de déterminer les meilleures zones d'audition et à installer très rapidement des postes de fortune. Les ateliers fixes servent en période de stabilisation. Ils sont organisés de façon à travailler d'une manière permanente, régulière et rapide.

Les ateliers comprennent des interprètes écouteurs. Les renseignements recueillis par les postes d'écoute et qui ont un caractère d'urgence, sont adressés par eux par le moyen le plus rapide et directement aux autorités intéressés, en premier lieu aux officiers de renseignements régimentaires et de D. I.

d) *Les postes radiotélégraphiques et radiogoniométriques.* — Ces postes sont organisés de manière à pouvoir capter les messages même chiffrés (le chiffrement n'intervient pas dans la question) par T.S.F., terrestre et aérienne et à situer la position des postes émetteurs ennemis. Or ceux-ci sont en général placés près de P.C. importants. Par ce moyen, il est possible de connaître l'organisation générale des secteurs ennemis et l'ordre de bataille.

Le personnel et le matériel nécessaire sont fournis par la section radiogoniométrique et d'écoute d'Armée ; les dotations ont été calculées, pour permettre de faire fonctionner trois postes d'écoute avancés. Ces trois postes d'écoute avancés ont pour rôle d'écouter et de repérer les postes avancés ennemis de Corps d'Armée ou de Division, les postes terrestres des grandes unités d'Aviation, éventuellement ceux des dirigeables ou des avions de bombardement.

La transmission de leurs écoutes et de leurs mesures au bureau centralisateur doit se faire avec le maximum de rapidité et de discrétion.

1. — Renseignements provenant d'un service étranger aux opérations militaires dit : « Service des Renseignements ». — S. R.

Le Service des renseignements, dit S. R., ne fonctionne qu'à l'Armée et au G. Q. G. Il a pour mission de centraliser tous les renseignements fournis par les *agents secrets, la presse étrangère, l'inter-*

*rogation des réfugiés et rapatriés, les commissions de contrôle pos-
tal, les documents* de toute sorte et de toute origine ayant trait à la
situation militaire et intérieure de l'ennemi.

Les renseignements recueillis, à côté de faits capitaux, renferment
souvent bien des données suspectes.

Remarque

En aucun cas, le manque, l'absence ou l'insuffisance de renseignements ne saurait excuser l'inaction.

RENSEIGNEMENTS

DEUXIÈME CONFÉRENCE

DEUXIÈME CONFÉRENCE

LE SERVICE DES RENSEIGNEMENTS DANS UN R. I.

L'Officier de renseignements n'existait pas avant la guerre de 1914-1918. Il a été une création de la dernière campagne. Les nouveaux tableaux d'effectifs de guerre dotent les régiments d'Infanterie métropolitaine, coloniale ou de Tirailleurs Nord-Africains ou demi-brigades de chasseurs à pieds de :

1 Lieutenant ou Sous-Lieutenant, Officier de renseignements.

Cet officier est le chef du service des renseignements du régiment. Il constitue en quelque sorte le 2ᵉ Bureau de l'Etat-Major du régiment, et doit se mettre en liaison permanente avec le Colonel pour recevoir de lui toutes les informations relatives à la nature des opérations entreprises par le Régiment. En retour, il s'efforce de donner à son chef de corps une vision nette et précise de la situation et des unités du régiment.

1. — Rôle de l'Officier de renseignements régimentaire.

Il est chargé pour le compte de son Chef de Corps :

1) *De rechercher des renseignements et de les transmettre.*

2) *D'interpréter et d'exploiter les renseignements.*

3) De participer dans la limite de ses moyens à la *défense contre le service des renseignements de l'ennemi.*

4) *De matérialiser les renseignements* en exécutant certains *travaux topographiques* relevant de son secteur.

Le rôle de l'Officier de renseignements, réunissant en une seule quatre branches distinctes, est donc un rôle de synthèse. Aussi faut-il que son service soit parfaitement organisé.

2. — Le personnel du Service des renseignements régimentaire.

L'Officier de renseignements régimentaire dispose du personnel suivant :

A l'Etat-Major du Régiment : 1 sous-officier topographe adjoint à l'Officier de renseignements, 1 sous-officier, 1 caporal et 4 soldats observateurs, 1 interprète, autant que possible 1 ou 2 dessinateurs.

Au Bataillon : 1 sergent chargé des renseignements et 4 soldats observateurs.

A la Compagnie : 1 sergent chargé des transmissions et renseignements, 2 observateurs.

A la section : 1 observateur.

Il est avantageux enfin de mettre à la disposition de l'Officier de renseignements un interprète pris dans le personnel du régiment.

3. — Le matériel du Service des renseignements régimentaires

Le matériel se divise en :

1. Matériel d'observation.
2. Matériel de topographie.
3. Matériel de restitution de photos aériennes.
4. Matériel de dessin.
5. Matériel de transport.

a) Au régiment.

1. — Matériel d'observation.

Cette dotation est fixée par l'Instruction sur la liaison des troupes de toutes armes).

— 2 jumelles à prismes à réticule.
— 1 longue-vue binoculaire (quelque monoculaire).
— 1 goniomètre périscopique (en 6.400 millièmes).
— 2 à 5 jumelles pour signaleurs.
R. I. à 2 Btn : 3 jumelles.
R. I. à 3 Btn : 4 jumelles.
R. I. à 4 Btn : 5 jumelles.
Btn à Cies : 2 jumelles.
1 alidade support de jumelle.
1 cercle de visée gradué avec pied.
1 chronographe.
2. — Matériel topographique.
1 planchette 40×40 avec pied pliant.
1 déclinatoire.

1 ou 2 boussoles Peigné.
1 alidade nivélatrice.
1 décimètre à ruban.
2 cartons Pierre à bretelles.

3. — *Matériel de dessin :*

2 rapporteurs en célluloïd (millièmes et grades).
2 équerres en zinc graduées (1 au 20.000ᵉ. 1 au 50.000ᵉ).
1 règle graduée.

4. — *Matériel de restitution de photographie aérienne.*

1 planchette stéréoscopique.
1 loupe achromatique grossissement 6, à trépied.

5. — *Matériel de transport.*

1 caisse pour les instruments.

b) **Au bataillon.**

1) *Matériel d'observation.*

1 jumelle à prismes avec réticule.
2 jumelles pour signaleurs.
1 alidade support de jumelle.
1 cercle de visée gradué en millièmes avec pied.
1 montre.

2) *Matériel de dessin.*

1 rapporteur en millièmes.
1 équerre en zinc.

3) *Matériel d'examen des photos aériennes.*

1 loupe.

4) *Matériel topographique.*

1 boussole Peigné graduée en millièmes.

c) **Par compagnie.**

2 jumelles ordinaires.

Ce matériel est nettement insuffisant surtout à la compagnie et au Bataillon ; il sera très certainement augmenté et modernisé, à bref délai.

4. **L'utilisation des sources par l'Officier de renseignements régimentaire.**

Les renseignements qu'utilise l'Officier de renseignements proviennent :

1. — Soit des organes de recherches régimentaires ou du sous-secteur de son régiment. Ces organes de recherches sont :

a) L'observation terrestre.

L'observation terrestre est un « moyen » particulièrement important de recherche. On en obtient évidemment le maximum de résultats dans les périodes de stabilisation. Mais on ne doit pas la négliger en période de mouvement. L'Officier de renseignements doit donc être personnellement un bon observateur sans oublier toutefois qu'il n'est pas que cela.

Avant d'entrer dans un secteur, il doit préparer ses moyens, personnel et matériel ; il doit en outre rechercher leur meilleure utilisation, compte tenu du terrain, de la situation tactique et de la mission du Corps.

Il doit, avant que son régiment arrive en secteur, aller reconnaître le terrain et procéder à l'évaluation de sa capacité d'observation. Lorsque sa reconnaissance est achevée il établit le plan d'observation de son régiment, en tenant compte de ce principe ; « organiser l'observation avec le maximum de vues et le minimum d'observatoires ». Il choisit sur le terrain les emplacements des observatoires, détermine leur dotation en personnel et en matériel.

Une fois l'observation organisée, il faut que l'Officier de renseignements s'assure constamment que son service fonctionne, il visite chaque jour les observatoires principaux, cherche à améliorer leur installation, oriente l'observation directe et personnelle des Commandants d'unités, dirige celle des sous-officiers de renseignements du Bataillon, de manière que ceux-ci obtiennent le maximum de résultats dans l'exécution de leur service. Il veille à ce que les postes de guetteurs soient également visités par les sous-officiers de renseignements.

Il stimule le zèle de tous les observateurs en leur faisant connaître le parti que le Commandement a tiré de leurs constatations ; enfin il s'assure que tous les renseignements recueillis lui sont transmis intégralement et que les dossiers d'observatoires et les croquis sont continuellement tenus à jour.

b) L'observation par contact.

(Patrouilles — reconnaissances).

L'observation par contact est faite par les patrouilles ou reconnaissances, effectuées par les unités en ligne. Celles-ci sont nécessaires pour préciser certains points que l'observation directe terrestre ne peut contrôler. Il arrive parfois en effet que des parties de la ligne ennemie échappent aux yeux des observateurs, par suite de couverts ou d'angles morts.

L'officier des renseignements doit être consulté pendant leur préparation, il doit en effet aiguiller les recherches sur le point qu'il désire connaître, afin que les efforts des patrouilles ne soient pas gaspillés, et qu'elles n'aillent pas chercher des renseignements obtenus déjà par d'autres moyens.

Dès que la mission de la patrouille et de la reconnaissance (nature et profondeur des défenses accessoires, état des brèches, occupation ou non d'un petit poste, praticabilité du terrain intermédiaire) est remplie, l'Officier de renseignements doit examiner le compte rendu du chef de patrouille. Il ne doit pas hésiter d'autre part à interroger lui-même les exécutants pour plus amples informations.

Ces interrogatoires doivent être habilement menés. Il est utile dans ce cas que des renseignements soient pris à l'avance sur l'individu interrogé, auprès de son commandant de Compagnie afin de tenir compte des déformations que le tempéramment de chacun peut apporter à la relation des choses dont il a été témoin.

Avant une attaque, l'Officier de renseignements peut demander que certaines reconnaissances soient faites devant telle ou telle unité afin de compléter les informations indispensables.

c) Les postes d'écoute téléphoniques et de T.P.S.

L'Officier de renseignements, s'il existe un poste d'écoute dans le secteur de son régiment, doit se tenir en liaison avec lui. Journellement, il prend connaissance des conversations recueillies. Il s'assure qu'en cas d'urgence (attaque imminente) le personnel du poste pourrait le mettre immédiatement au courant.

2. — Soit de l'ennemi.

a) *Les prisonniers et les déserteurs.*

Tous les prisonniers et les déserteurs recueillis sur le front du régiment, doivent être vus par l'officier de renseignements. Il a seul le droit de les interroger. Les questions qu'il peut leur poser doivent être très limitées.

La première chose à faire est de procéder à la *fouille* des prisonniers ; cette fouille est faite en présence d'un officier désigné, quand le nombre des prisonniers est trop grand. L'officier de renseignements parcourt rapidement les papiers saisis en vue d'y chercher un renseignement pouvant l'intéresser, *mais il lui est interdit de garder un seul document.* Tous les papiers, cartes, croquis saisis, sur le prisonnier, avec le livret militaire, la plaque d'idendité, une des pattes d'épaule ou un insigne distinctif de l'arme et du régiment sont ficelés en un paquet, portant le nom du prisonnier et les indications de son corps. Le tout sera remis ultérieurement au chef de l'escorte.

Puis l'officier de renseignements doit veiller à ce que les prisonniers soient *séparés*, les uns des autres suivant leurs grades.

Les officiers, sous-officiers et soldats doivent former des groupes distincts.

L'officier de renseignements porte ensuite son attention sur l'interrogatoire.

Celui-ci doit se borner à la recherche des renseignements qui peuvent intéresser directement son corps et que ce dernier peut exploiter sans retard.

L'interrogatoire est conduit *obligatoirement* par l'officier de renseignements. Il contrôle lui-même, ou fait contrôler par la vue si c'est possible les renseignements qui présentent un intérêt particulier.

Seuls peuvent assister à l'interrogatoire : le Commandant de Compagnie et le Chef de Bataillon intéressés et si besoin est, un homme, autant que possible spécialisé, parlant bien la langue de l'ennemi.

L'interrogatoire doit être strictement individuel. Un prisonnier interrogé ne doit jamais rejoindre ceux qui n'ont pas été interrogés.

Les questions posées par l'officier de renseignements auront toujours un caractère nettement *utilitaire*, en ce qui concerne le régiment, *jamais il ne leur posera des questions d'odre général*. Il y a lieu d'insister sur ce fait que les prisonniers ont très souvent tendance, pour satisfaire la curiosité de ceux qui les interrogent, à inventer de toutes pièces des renseignements faux, et qu'il est très difficile par la suite de les faire revenir sur leurs mensonges parce qu'ils craignent un traitement sévère. Il est également d'autant plus difficile d'obtenir des renseignements exacts qu'il y a plus d'interrogatoires faits par des personnes différentes.

Afin d'écarter le danger de poser trop de questions ou des questions ne revêtant pas le caractère prescrit, l'officier de renseignements doit se constituer un *questionnaire écrit*, approuvé par le colonel, ce questionnaire peut être établi de la manière suivante :

Organisation réalisée devant le front du régiment.

Emplacement des mitrailleuses, des M. W., des appareils émetteurs de gaz, abris (dispositions et emplacements).

Postes d'observation d'Infanterie.

Observatoires d'artillerie.

Postes téléphoniques.

Postes de commandement.

Dépôt de cartouches, de grenades, de projectiles, de M. W.

Défenses accessoires, nature et épaisseur des réseaux.

Pièces de défense rapprochée.

Champs de mines contre chars d'assaut.

Limites des petites unités.

Emplacement des soutiens.

Heures des relèves, des repas.

Travaux dans les tranchées.

Occupation des tranchées.

Postes d'écoute téléphoniques ennemis, etc...

Pour aider le prisonnier à se rappeler ce qu'il a vu, les points par lesquels il a passé, lui montrer des cartes à grande échelle ou, si on peut le faire, des plans en relief qui lui permettront de préciser ses souvenirs et parfois d'indiquer que tel détail d'organisation défensive inexactement reporté sur la carte doit être modifié.

Dans le même ordre d'idées, il peut être intéressant de mener les P. G. particulièrement doués dans l'un de nos observatoires, pour lui permettre de préciser sur le terrain même. tel ou tel emplacement de mitrailleuses, de M. W., d'observatoire, de P. C.

Il faut en outre que l'interrogateur possède des ordres de bataille à jour de l'armée à laquelle appartient le P. G., afin de vérifier si celui-ci dit juste en affirmant que son régiment appartient à telle D. I. ou tel C. A.

De même s'il le peut il aura sous les yeux les interrogatoires antérieurs relatifs à la même unité.

Dès que l'identité ou prisonnier est établie, l'officier de rensei-seignements *téléphone* immédiatement à l'I.D., qui téléphone elle-même à la D. I. :

Le nombre de prisonniers (par corps de troupe).

Le corps, le bataillon, la compagnie.

Le lieu de la prise (plan directeur).

L'heure de la capture.

Un prisonnier ne doit pas rester plus de deux heures au régiment sauf cas exceptionnels. — D'ailleurs suivant le nombre de prisonniers, l'interrogatoire doit être mené différemment, il sera particulièrement écourté au moment des opérations actives.

En général, il est possible de donner les règles suivantes :

1° S'il y a de nombreux prisonniers, l'officier de renseignements ne les interroge pas tous à fond, mais contrôle seulement par les autres, les renseignements fournis par l'un d'eux. Il interroge plus complètement celui-là et renvoie les autres le plus rapidement possible à la D. I., après les avoir fouillés.

2° S'il n'y a qu'un ou deux P. G. leur faire subir un interrogatoire très sommaire sur ce qui peut intéresser le régiment, et donner lieu à utilisation immédiate.

3° Si parmi un groupe de P. G., il y en a un qui semble plus à même de donner des indications précises, l'envoyer le plus rapidement possible à la D. I., avant tous les autres et par n'importe quel moyen.

L'interrogatoire terminé, l'officier de renseignements fait conduire les P. G. sans retard et directement à la D. I. Il remet au Commandant de l'escorte un fiche indiquant : les noms des prisonniers, leur corps, le lieu et la date de la capture, les documents saisis.

Il rédige dans l'heure qui suit : son compte rendu d'interrogatoire et l'adresse sans tarder à la Division.

b) *Les documents pris à l'ennemi.*

Ces documents recueillis par l'officier de renseignements peuvent provenir soit des papiers détenus par les prisonniers au moment de leur capture, soit des recherches faites au cours d'une reconnaissance ou d'une attaque dans les lignes ennemies.

En général, l'Officier de renseignements ne possède pas les moyens suffisants pour exploiter de pareils renseignements. Il doit donc les faire parvenir à la Division.

c) *Les cadavres.*

Ils sont utiles pour la détermination de l'ordre de bataille.

3. — **Soit des unités amies.**

L'officier de renseignements doit entrer en rapport avec les officiers de renseignements des sous-secteurs voisins, il doit fréquenter les observatoires de l'artillerie et de ceux des unités en liaison avec son régiment. Il y a là bien souvent possibilité d'observation latérale et matière à recoupement.

Enfin l'officier de renseignements cherche à connaître la situation exacte des troupes en ligne, les emplacements occupés, l'état des travaux commandés.

4. — **Soit de l'armée.**

Les renseignements provenant de l'Armée sont :

a) *Le bulletin de renseignements.*

Les 2es bureaux du C. A. et d'Armée, le S. R. A. d'Armée et le C. A. publient journellement des bulletins de renseignements, l'Officier

de renseignements les consulte, ceux-ci lui étant communiqués par la
D. I. Il en extrait les informations qui peuvent intéresser directement
son régiment.

b) *Les photos aériennes.*

Les photos aériennes prises par les escadrilles d'observation parviennent à l'officier de renseignements par l'intermédiaire des 2es Bureaux. Celui-ci les examine et en tire les renseignements qui peuvent
intéresser directement les unités en ligne.

En période de préparation d'attaque l'officier de renseignements
peut demander que certaines photos verticales et obliques, celles-ci
dans le sens de l'axe des attaques futures, soient prises devant telle
ou telle partie de front. Il peut demander également l'exécution de
photos de contrôle de camouflage.

5. — L'officier de renseignements et les agents secrets

*L'emploi des agents secrets n'est pas à la portée de l'officier de
renseignement du régiment.* Toutefois, il doit s'employer au recrutement, tant parmi la troupe que parmi la population, des espions destinés à remplir des missions en arrière des lignes ennemies.

Il doit procéder avec beaucoup de tact et de discernement et ne
s'adresser qu'à des individus paraissant réunir les qualités de discrétion, de sang-froid, d'énergie, de vigueur physique et d'intelligence,
qui les rendent aptes à remplir leur mission. S'il trouve des volontaires il doit aussitôt signaler leur nom et leur adresse à l'Etat-Major de
la D. I.

En période de mouvement, l'officier de renseignements facilite la
rentrée et la sortie des agents secrets aux avant-postes. Les agents
sont généralement conduits aux avant-postes par un fonctionnaire du
service spécial porteur d'un jeton de service, ou sont munis d'un
laisser-passer. Celui-ci est détruit par les soins de l'autorité militaire
lorsque l'agent franchit les lignes.

Au retour, l'identité de l'agent est constatée par des signes de reconnaissance convenus (objet spécial n'attirant pas l'attention sur
son propriétaire, comme une pièce de monnaie ou un millésime, une
lettre spéciale, une phrase de passe, etc...).

L'agent est toujours conduit au chef de la troupe, surtout s'il y a
doute sur son identité. Celui-ci l'interroge et rend compte d'urgence
au C. A. Un officier du service des renseignements ou un commissaire
spécial rattaché à l'E. M. de l'armée est aussitôt envoyé sur place,
pour s'assurer de l'idendité de l'agent et l'amener. Il importe que le
compte rendu de l'agent soit transmis le plus rapidement possible,
afin que le renseignement rapporté parvienne sans retard à l'autorité

qui l'a demandé. L'observation de cette règle est très importante.

L'officier de renseignements surveillera les personnes étrangères à l'Armée avec lesquelles son corps se trouve en contact, en marche ou en station. Il provoquera auprès de son chef de corps les mesures nécessaires pour faciliter cette surveillance et éviter les indiscrétions.

6. — Rôle de l'officier de renseignements dans l'exploitation des renseignements.

Une fois que ces renseignements sont recueillis, l'officier de renseignements peut exploiter certains d'entre eux.

Il peut faire de l'*exploitation immédiate* en diffusant séance tenante les renseignements provenant des observatoires ou des prisonniers, mais ce genre d'exploitation doit toujours être affecté d'un caractère strictement utilitaire et dans tous les cas elle doit être restreinte et prudente.

Il peut aussi faciliter l'*exploitation ultérieure* des renseignements, en diffusant à l'intérieur du régiment le contenu des bulletins de renseignements, en répandant les photos et les cartes reçues.

Enfin, il peut faire dans une certaine mesure et personnellement de l'exploitation ultérieure en s'efforçant de connaître les procédés de combat de l'ennemi.

L'officier de renseignements mettra personnellement son chef de corps au courant de modifications de la situation, et il diffusera ces renseignements dans les unités en ligne au moyen d'un bulletin adressé aux Bataillons et aux Compagnies et grâce aux visites qu'il peut faire auprès des Commandants d'unités.

Par le moyen de la décentralisation, en prescrivant aux chefs de postes des observatoires et aux sous-officiers de renseignements de communiquer sans retard ce qui se passe, aux unités directement intéressées, en même temps que l'information est communiquée à lui-même, il hâtera la transmission des renseignements et en rendra dans bien des cas l'exploitation plus rapide.

Tout le travail de l'officier de renseignements pris dans son rôle d'exploitation, doit aboutir à l'établissement des documents suivants :

1. Un compte rendu journalier à la D. I.

2. Une feuille de renseignements destinée aux Bataillons et aux compagnies du régiment.

3. Un dossier de secteur.

Il sera insisté sur la question de l'exploitation du renseignement dans une conférence spéciale.

7. — Les travaux topographiques de l'Officier de renseignements.

Il n'existe pas dans le régiment d'organe topographique spécial. Mais la S. T. D. I. se trouve secondée par les officiers de renseignements régimentaires en ce qui concerne :

1. Les relevés et renseignements topographiques concernant les organisations ennemies.

2. La reconnaissance et l'étude des organisations amies.

3. La distribution des documents topographiques, la tenue à jour de certains documents qui font partie du dossier de secteur.

Travaux concernant les organisations ennemies. L'officier de renseignements traduit en croquis simple, les résultats de ses observations dans les différents postes.

Travaux concernant les organisations françaises. Il est souvent nécessaire de compléter les relevés obtenus par la photographie aérienne, pour faire ressortir notamment l'état des ouvrages et constructions, le tracé rectifié des tranchées, boyaux, parallèles et y porter les appellations qui leur sont attribuées.

Pour l'accomplissement de ce travail, l'officier de renseignements s'entend avec la S. T. D. I. En général l'officier de renseignements s'occupe de la zone avant, la S. T. D. I. de la zone arrière. En ce qui concerne les travaux en cours dans le sous-secteur de son régiment, il recueille des informations auprès de l'officier pionnier.

Pendant les périodes de préparation d'offensive, l'officier de renseignements peut être aussi chargé d'exécuter des croquis spéciaux accompagnant les ordres d'attaque du Colonel.

Distribution. L'officier de renseignement est chargé de distribuer entre les différentes unités les éditions successives du plan directeur, les photographies aériennes, le matériel d'observation.

8. — Fonctionnement du service de l'Officier de renseignements régimentaire en cours d'opérations actives.

L'officier de renseignements a, dans la bataille, un rôle particulièrement important à remplir.

a) *Avant la Bataille.*

Il oriente tous les organes de recherches du régiment, de manière que ceux-ci complètent le plus possible les connaissances que l'on possède sur la situation de l'ennemi. Jusqu'au dernier moment il faut s'efforcer de réduire les éléments inconnus. Il est particulièrement nécessaire de faire des prisonniers à partir du moment où les intentions offensives de l'ennemi se précisent. Il faut en effet suivre de près les préparatifs de la dernière heure (distribution de cartouches, vivres de réserve, apport de matériel de franchissement des tranchées, proclamations et ordres communiqués aux troupes montée des troupes d'attaque en première ligne, repli des avant-postes, etc...).

Vis-à-vis des Commandants d'unités, son rôle consiste à instruire chacun sur ce qui peut être rencontré au cours de la progression. Il est donc nécessaire qu'il leur communique les dernières cartes et photographies reçues. Il s'assure enfin que tous les officiers et le plus grand nombre de sous-officiers ont reçu des documents cartographiques destinés à les guider dans leur progression.

Il donne des instructions sur la manière dont il entend que les organes de recherche et d'observation régimentaires travaillent au cours de la progression et une fois l'objectif atteint, il prévoit d'après la carte, les emplacements où seront ultérieurement installés les observatoires.

b) *Pendant la bataille.*

Les renseignements affluent au P. C. du Colonel, auprès duquel l'officier de renseignements se tient. Parmi ceux-ci il s'en trouve d'importance variable. L'officier de renseignements doit discerner rapidement ce qui n'est pas utilisable. Il faut également qu'il se rende compte de ce qui peut être transmis aux autorités supérieures (D. I., C. R. A.) et de ce qui n'est pas transmissible. Il doit donc classer les différents renseignements qu'il reçoit, le résultat de ce classement s'appelle « ordre d'urgence ».

C'est en pleine action où il faut le plus de méthode à l'officier de renseignements dans l'organisation de son service ; tous les renseignements reçus doivent être affectés d'un numéro de classement bien visible ; un carnet d'enregistrement doit être ouvert, indiquant brièvement le numéro d'ordre, l'origine, l'heure d'arrivée du renseignement, les transmissions dont il est l'objet, les ordres (numéro de l'ordre) qui en résultent. Un autre carnet à souches genre carnet d'ordres est affecté à l'établissement de l'ordre d'urgence, la trace de l'heure et de l'ordre de l'envoi, de la nature des destinataires des messages est ainsi conservée, ce qui est précieux.

L'officier de renseignements devra entraîner spécialement son sous-officier adjoint à ce rôle et un de ses gradés observateurs à l'organisation de l'observatoire du Colonel, de manière à se décharger de toute préoccupation technique.

A tout moment de l'action, l'officier de renseignements doit pouvoir donner à son Colonel la physionnomie actuelle du combat, l'emplacement de ses unités, des indications sur les réactions de l'ennemi. Il doit rechercher *quelle est la ligne exacte du front atteint par nos troupes, le contour et l'organisation de la première ligne ennemie*. Ces renseignements lui seront communiqués le plus souvent par les Commandants d'unités engagées ou par les observatoires. Ce genre de renseignements est extrêmement important, car il n'est pas toujours possible, en effet, en raison des circonstances atmosphériques, de déterminer la position exacte des éléments avancés de notre première ligne par les moyens combinés de jalonnement de cette ligne et de l'observation.

En outre, pour ce qui concerne le front occupé par l'ennemi, la reconnaissance aérienne n'apporte pas toujours des renseignements suffisants. Les renseignements de cette nature font l'objet d'un compte rendu sommaire accompagné d'un croquis, ils sont de *première urgence* et transmis à la D. I.

On ne saurait trop souligner l'importance de ce renseignement, l'expérience prouve qu'il est très difficile à l'officier de renseignements d'être bien renseigné sur ce point.

L'officier de renseignements peut employer les procédés suivants à cet effet :

Envoi par les unités de photos d'avions sur lesquelles le front atteint est tracé par elles.

Etude préalable du terrain d'attaque à parcourir, conventions passées avec les unités pour indiquer que certains points remarquables sont atteints.

Observateurs de confiance judicieusement placés et surveillant les mouvements de leur infanterie

Emploi des pigeons voyageurs portant des messages sous forme de croquis préparés à l'avance et remplis au cours d'opérations.

Etude des renseignements parvenus à l'artillerie d'accompagnement.

Envois d'agents sûrs et convenablement orientés auprès des commandants d'unités pour vérifier le situation des points importants du terrain (anciennes batteries ennemies, groupes d'abris, etc...) par rapport à la ligne la plus avancée occupée par les troupes d'attaque.

Interrogatoire des blessés français aux postes de secours. Il est évident que tout ce travail doit être minutieusement préparé à l'avance.

NOTE. — Dans un schéma inséré aux annexes de l'Instruction provisoire sur l'organisation et le fonctionnement de la Liaison et les Transmissions, il est fait mention d'un C.R.A régimentaire, connu sous le nom de C.T.A.

Si le Colonel décide l'organisation d'un C.T.A. poussé à hauteur de la ligne des P.C. de bataillon, cet organe de renseignements sera confié à l'officier de renseignements, assisté de l'officier de transmissions et d'une partie des moyens et du personnel des transmissions du régiment.

c) *Après la bataille.*

Dès que la bataille tend à nouveau à une stabilisation, l'officier de renseignements réorganise ses services, étudie à nouveau un plan d'observation et place ses observatoires d'après les possibilités du terrain.

9. — **Rapports de l'Officier de renseignements avec les autres Chefs de service.**

Autant en période de stabilisition qu'en période d'opérations actives, l'officier de renseignements est en rapports constants avec les différents chefs de services du Régiment, de la D.I., et avec les Commandants de l'artillerie d'appui direct.

Il doit collaborer à l'intérieur du Régiment :

1° Avec le Colonel qui le mettra au courant de la situation tactique.

2° Avec le chef de service des transmissions qui sera chargé d'établir les transmissions nécessaires entre ses observatoires et qui devra transmettre les renseignements aux intéressés.

3° Avec l'officier pionnier, avec lequel il coopérera en vue de installation matérielle des observatoires et au cours du contrôle de 'avancement des travaux.

4° Avec les Chefs de Bataillon et les Commandants de compagnie, au cours de ses visites.

A l'extérieur du régiment il doit entrer en relations :

1° Avec l'officier de renseignements divisionnaire.

2° Avec le chef de la S.T.D.I.

Lesquels l'orientent dans ses recherches et dans ses travaux.

3° Avec l'officier commandant le C.R.A. divisionnaire.

4° Avec les officiers de renseignements de l'A.D. et du groupement d'artillerie d'appui direct.

5° Avec les officiers de renseignements de l'Aéronautique.

6° Avec les officiers de renseignements des corps voisins qui lui donneront très souvent des indications précieuses.

10. — **Connaissances et qualités de l'Officier de renseignements**

La diversité des fonctions que nous venons d'examiner font que l'officier de renseignements doit posséder un ensemble de connaissances dont la variété est en raison directe de la multiplicité de ses missions, et qu'il doit obligatoirement posséder, car le rendement du service de renseignements régimentaire est directement fonction de la valeur personnelle de l'officier de renseignements.

En dehors d'une instruction générale très poussée il doit au point de vue technique :

1. Connaître autant que possible la langue de l'ennemi qui se trouve vis-à-vis de son régiment.

2. Avoir une instruction topographique sérieuse aussi bien que les qualités de dessinateur indispensables.

3. Connaître au point de vue travaux de campagne comment on organise un observatoire.

4. Avoir une bonne instruction en ce qui concerne l'interprétation et la restitution des photos aériennes.

5. Connaître les instruments d'observation et de mesure dont il est appelé à se servir.

6. Connaître enfin le fonctionnement et le rendement des différents moyens de transmissions.

Au point de vue tactique :

1. Avoir de solides connaissances tactiques, car il doit sans cesse juger les situations au combat, de manière à rechercher ou à transmettre les renseignements en rapport avec ces situations.

2. Connaître l'organisation générale du service de renseignements.

3. Connaître les sources de renseignements.

4o Etre rompu au fonctionnement de son service.

Il doit, en dehors de cela, être ordonné, consciencieux, méthodique, patient, savoir juger rapidement et sûrement une situation, posséder l'esprit critique — qualité indispensable, dans la discrimination des renseignements. Enfin ne pas être trop pessimiste — une certaine tendance à l'optimisme est certainement préférable.

11. — Rôle de l'Officier de renseignements en temps de paix.

En temps de paix, comme au repos, l'officier de renseignements doit se préoccuper de l'instruction de son personnel ; celle-ci devra être conduite différemment selon les catégories auxquelles elle s'adresse.

1. Instruction des soldats observateurs.

2. Instruction des gradés, chefs de poste (1).

______

(1). — Une méthode d'instruction est donnée, à titre d'exemple, au cours de la deuxième année d'études : (Cours de liaison, transmissions et observation).

3. Instruction des sous-officiers de renseignements.

4. Instruction du sous-officier adjoint (et du secrétaire topographe).

Il devra choisir ses hommes parmi ceux qui ont une bonne instruction générale, et qui possèdent des qualités de dessinateur et de topographe. Ils devront être patients, curieux, endurants et avant tout *consciencieux*.

L'instruction est la base du bon fonctionnement du service de renseignements régimentaire. Commencée dès le temps de paix, elle s'affine pendant les séjours en secteurs.

L'officier de renseignements doit donc encore être un instructeur.

CONCLUSIONS. — Il ressort de ce qui précède que l'officier de renseignements doit avoir une vie extérieure très active, savoir solliciter et au besoin *arracher le renseignement*, savoir dans d'autres cas le provoquer, être en liaison personnelle, verbale et constante avec toutes les sources de renseignements sans oublier celles des autres armes, en un mot faire preuve d'une large initiative. En outre, et surtout en période de mouvement, il doit faire ramasser et envoyer au commandement tous les objets ou documents ayant trait à l'ennemi.

Il doit chercher à donner à chacun des renseignements recueillis une forme impersonnelle et objective, résultat du contrôle sévère auquel il les soumet ; il s'efforce enfin après les avoir coordonnés, d'en dégager une *vue d'ensemble* permettant de comprendre la situation, et d'en tirer, si possible, une orientation pour notre propre action.

CONFERENCE

sur

L'OBSERVATION TERRESTRE

———

TROISIEME CONFERENCE

L'OBSERVATION

Définition : L'observation est un des moyens d'information du commandement.

But : Elle a pour but la recherche du renseignement et sa transmission.

Valeur : Elle est fonction :
— des caractéristiques de l'observatoire employé.
— de la valeur personnelle de l'observateur.
— du matériel d'observation et de transmission.

Emploi : Elle fait partie d'un plan qui fixe la mission particulière à chaque unité.
— elle est mise en œuvre par l'unité qui l'emploie.
— elle forme un ensemble complet lorsque les procédés spéciaux ont été répartis entre les unités aux mieux de leurs besoins.

CLASSIFICATION

L'observation peut se faire sous deux formes :
— terrestre.
— aérienne.
Chacune a ses caractéristiques.
L'observation terrestre a des vues :
— obliques.
— fixes.
— continues.

L'observation aérienne a des vues :
- verticales.
- mobiles.
- discontinues.

De plus il faut distinguer pour chacune de ces deux formes, deux procédés généraux :

a) recherche du renseignement à la vue.

b) recherche du renseignement au son.

- soit directemement.
- soit par amplification (jumelles, amplificateurs, etc...).
- soit par enregistrement (photographie, etc...).

L'OBSERVATION TERRESTRE

But : *Voir* et *transmettre*.

Méthodes d'observation.

1° **Directe** : à la vue / au son } avec moyens amplificateurs, s'il y a lieu.

2° **Par procédés spéciaux.**

1. OBSERVATION DIRECTE A LA VUE.

a) *Caractéristiques.*

- stabilité.
- vues obliques avec angles morts plus ou moins prononcés.
- observation faite de plusieurs points avec zones plus ou moins étendues pour chaque point.

b) *Possibilités.*

- zone d'action étendue au delà des premières lignes.
- zone d'action limitée suivant terrain, en deçà.
- observation faite de plusieurs points avec zones plus ou moins étendues pour chaque point.

c) *Objet.*

- surveillance du champ de bataille (situation et mouvements de l'ennemi, repérage de ses organisations).
- coopération à la liaison (mouvements des unités amies, signaux des éléments avancés, etc...).

— missions de tir (recherches d'objectifs, observation des tirs),
d'où répartition du travail faite entre les divers postes suivants :

— fonctionnement permanent :
{ *a*) les postes de guetteurs (Pg.)
b) les observatoires avec personnel spécialisé. (Ob.)

— fonctionnement temporaire : les postes d'observation, à l'usage personnel du chef dans certaines circonstances du combat. (P. O.)

2. OBSERVATION DIRECTE AU SON.

Double ou complète l'observation à la vue, plus particulièrement la nuit ; demande en ce cas un plus grand nombre de petits postes à proximité des premières lignes.

Ecoutes de mines : Les écoutes de mines sont particulières à la guerre de mines et faites par les sapeurs du Génie.

Le but est de renseigner sur l'emplacement et la nature des travaux souterrains ennemis. Elles se divisent en :

a) *Ecoutes directes*, sur place, à fonctionnement non continu.

b) *Ecoutes à distance*, avec appareils spéciaux reliés téléphoniquement à l'arrière.

Elles peuvent servir, en stabilisation, à renseigner l'infanterie sur les travaux ennemis rapprochés.

3° **Par procédés spéciaux.**

L'observation terrestre utilise :

— les sections de repérage par observation terrestre (5ᵉ conférence).

— les sections télémétriques (Armement).

— les sections de repérage par le son (5ᵉ conférence).

— les écoutes électriques (voir chapitre final).

Méthode de transmission.

Elle est basée sur l'établissement d'un plan de transmissions s'étendant à tout le réseau d'observation, ayant sa position particulière dans le réseau des transmissions.

Dispositions générales.

a) *de mise en œuvre.*

A l'observation terrestre participent :

— les troupes de premières lignes.

— le personnel spécialisé.

b) *matérielles.*

Chaque poste à terre, de quelque nature qu'il soit, doit satisfaire aux conditions ci-après :

— pouvoir observer facilement (d'où conditions topographiques favorables d'établissement).

— se soustraire aux vues (d'où camouflage).

— se protéger contre l'artillerie et l'aviation (d'où protection).

— pouvoir renseigner rapidement (d'où réseau de transmissions sûres).

I. ORGANISATION
DE L'OBSERVATION TERRESTRE

Personnel.

On distingue : — le personnel d'observation.
— le personnel de transmission.

Personnel d'observation

Ce personnel, spécialisé, est partagé selon les circonstances en équipes distinctes.

Il se répartit comme suit :

Au régiment d'Infanterie : 1 Officier de renseignements.
1 Sous-officier topographe adjoint.
1 Sous-officier observateur.
6 Observateurs.

Au bataillon : 1 Sous-officier observateur.
4 Observateurs.

A la compagnie : 1 Sous-officier observateur.
2 Observateurs.

A la section : 1 Observateur.

Néanmoins, comme on l'a vu au chapitre précédent la présence de ce personnel spécialisé ne supprime pas, pour le chef, l'obligation de l'observation personnelle et pour tout homme de troupe sa collaboration éventuelle. Celle-ci consiste en comptes rendus de toute remarque intéressante.

Personnel de transmission.

Ce personnel ne fait pas l'objet d'une répartition systématique, son effectif doit être suffisant pour assurer la continuité du fonctionnement.

Matériel.

On distingue : le matériel d'observation.

le matériel de transmission.

le matériel de cartes.

a) *Matériel d'observation.*

Ce matériel doit être puissant, facile à transporter, en quantité suffisante dans chaque observatoire pour permettre le recoupement.

Il se répartit comme suit (Voir 2e conférence, page 2).

b) *Matériel de transmission.*

En ce qui concerne le matériel de transmission, comme pour le personnel, il n'existe pas de dotation déterminée. L'unique règle qui préside à sa répartition et doit répondre à la nécesité de continuité de fonctionnement, est la suivante : fixer un moyen de transmission ; le plus rapidement possible, le doubler par un autre moyen, dit « de secours » ; régler la construction et l'emploi de chacun suivant l'ordre d'urgence.

Ceci est un minimum. On peut multiplier les transmissions si c'est possible et si l'importance du poste l'exige ; la solution réside souvent en la simple collaboration de l'officier de renseignements et de l'officier de transmissions au moment de l'élaboration de leur plan respectif. Le meilleur rendement sera assuré par la meilleure entente, avec le minimum de moyens.

c) *Matériel de cartes.* (Voir conférence de topographie).

Observatoires. Postes de guet.

Observatoires.

Postes d'observation.

dont le nombre et fonctionnement est déterminé par la situation.

II. — FONCTIONNEMENT
DE L'OBSERVATION TERRESTRE

« Le fonctionnement de l'observation étant, d'une part, lié intimement aux opérations, son action doit, d'autre part, être coordonnée à celle des autres organes de renseignements ».

La préparation des ordres et des plans exige donc :

— dans les grandes unités, la collaboration des divers bureaux de l'Etat-Major. Ces ordres paraissent sous le timbre du 2e Bureau.

— dans les petites unités, la préparation des ordres revient à l'officier de renseignements.

Dans ce travail, les officiers de renseignements sont placés :

— sous la subordination de commandement (mission et ordres de l'autorité qui les emploie).

— sous la subordination technique.

(Possibilités techniques et ordres particuliers de l'officier de renseignements de l'échelon supérieur).

Le fonctionnement de l'observation comporte :

1° la préparation des plans et des ordres.

2° le fonctionnement des observatoires.

Plans et ordres.

L'élaboration d'un plan est basée sur :
— la mission de l'unité.
— les moyens dont on dispose.
— l'étude du terrain (sur carte ou d'après reconnaissance).

Les éléments constitutifs du plan en dépendent, ce sont :
— la nature des renseignements à rechercher par l'observation.

— les conditions de fonctionnement général de l'observation terrestre ; puis, doublant et complétant cette dernière, de l'observation aérienne.

— la répartition des missions d'observation dans l'unité elle-même et dans les unités subordonnées.

— la transmission des renseignements.

D'une manière générale, pour une unité quelconque, un plan sera donc conçu comme il suit :

1°) *D'après l'idée tactique, le terrain, les moyens, création d'un réseau d'observation terrestre.*

Ces observatoires seront répartis :

— *en largeur*, avec champs de vision étendus et se recoupant.

— *en profondeur*, complétant les vues des observatoires avancés et, permettant l'observation dans nos propres positions en cas d'incursion de l'ennemi.

— *en suivant le principe* de l'économie des hommes et du matériel.

Ces observatoires se divisent en 2 catégories :

— observatoires de l'unité elle-même.

— observatoires des unités subordonnées.

2° *D'après le cadre ainsi établi* :

Elaboration des ordres, constitués pour chaque observatoire des groupes suivants :

1° *Emplacement.*

2° *Missions.*

3° *Répartition des moyens.*

4° *Transmission des renseignements.*

et formant 2 plans juxtaposés, l'un pour l'unité elle-même, l'autre, qui en dépend, pour les unités subordonnées.

Il formera ainsi constitué un extrait du plan des renseignements.

Il se présentera sous une forme plus ou moins chargée et différente d'aspect suivant les conditions d'emploi tactique de l'unité qui le met en œuvre.

Marche d'approche

Voyons brièvement le fonctionnement de l'observation terrestre au cours de différentes opérations et, par suite, les conceptions différentes des plans qui en découlent.

— Le fonctionnement de l'observation nécessite pour le commandement comme pour les différentes armes la mise en action d'éléments très mobiles qui marchent à proximité des fractions de tête.

— L'obligation d'assurer la continuité du service règle la constitution et la marche de ce personnel ; il se déplace par échelons, d'observatoires en observatoires.

— Au fur et à mesure de la progression, l'observation terrestre, exercée tout d'abord par la cavalerie, se renforce de celle des avant-gardes, puis de celle du personnel spécialisé dès que la rencontre est possible.

Missions -- Missions de reconnaissance au début, déterminant les comptes rendus réciproques du commandement et des troupes de 1re ligne : Exploitation des renseignements par le feu et, par suite, missions d'observation de tir.

Transmissions. — La première nécessité est la vitesse. Elle fait placer le P.C. à côté des observatoires, pendant cette période, pour y satisfaire. Le matériel est surtout, comme nous le verrons plus loin, celui de ces P.C. (coureurs, cyclistes, estafettes optique, artifices).

Prise de contact.

— La prise de contact se fait ainsi avec une armature déjà établie. Il importe alors de la compléter rapidement, de l'articuler en largeur au fur et à mesure des besoins.

Missions. — Elles s'augmentent de l'observation des mouvements de l'ennemi contre les troupes amies.

Transmissions. — Mêmes remarques que dans la marche d'approche. Le rattachement à l'axe de transmission le plus voisin se complète si possible du téléphone.

Au cours du combat.

Les renseignements venus de l'observation directe influent considérablement sur la marche du combat. Le commandement cherche alors à créer un réseau complet, articulé en largeur et en profondeur, à coordonner tous ses mouvements. Si la conquête d'un point favorable à l'observation est nécessaire, il peut y consacrer un effort spécial.

Missions. — Arrivent peu à peu au maximum des missions normales. Elles s'augmentent de l'observation des mouvements des troupes amies, la répétition des signaux ; le repérage des travaux ennemis.

Transmissions. — Voir prise de contact.

Offensive sur un front stabilisé.

Appuyée sur l'installation de départ existante, l'observation terrestre exige dans ce cas, le montage préalable d'une organisation de toutes pièces dans la zone ennemie à occuper, avec l'aide de la carte, des reconnaissances d'avion. D'après cela, elle prévoit, au moment de l'action, des déplacements d'équipes à peu près analogues à ceux de la marche d'approche et des permanences dans la zone de départ.

Missions. — Portent plus spécialement sur l'état du terrain, des organisations ennemies, engins de feu, réactions, résistances imprévues.

Transmissions. — Les postes de commandement se sont écartés, ayant le souci d'un meilleur défilement. Les postes d'observation se sont créés. Le réseau de transmission devient celui de la stabilisation, duquel va partir une organisation prévue semblable à celle de la marche d'approche.

Stabilisation.

— La stabilisation marque le maximum de surveillance possible à l'observation terrestre. Les postes de guet, les observatoires et les postes d'observation de toutes armes s'augmentent des observations par procédés spéciaux et d'une exploitation intensive de la photographie d'avion.

— L'échelonnement en profondeur comporte la surveillance du terrain en avant et à l'intérieur de la position de résistance dont le tracé répond aux facilités qu'elle offre à l'observation.

— Le doublement de certains observatoires importants permet d'assurer la continuité de l'observation en cas de bombardement violent, au moment d'une attaque par exemple.

— La création d'observatoires éloignés, à l'intérieur de la position, répond à la même obligation, en cas de bombardement des observatoires avancés.

— Ces dernières prescriptions s'appliquent, avec des moyens plus réduits, à la bataille défensive en période de mouvements.

Missions. — Maximum des missions normales : surveillance de la vie, des mouvements, des travaux ennemis ; observation des troupes amies ; coopération à la mise à jour du plan directeur, défense contre les gaz.

Transmissions. — Réseau complet où la part la plus large est faite au téléphone.

Retraite.

Si cette opération a lieu sur une ligne de résistance prévue, y organiser l'observation d'avance, selon les moyens, comme en stabilisation. Déplacements des équipes par échelons successifs de manière à assurer la continuité de l'observation.

Pour les déplacements de nuit, prévoir des reconnaissances d'itinéraires, de points d'observation sur la position choisie, de jour.

Missions. — S'assurer de la marche, des moyens de l'ennemi. Sur la position de résistance, avoir prévu le déclanchement et l'observation des feux amis, concurremment avec l'installation des observatoires.

Transmissions. — Pour la marche, utilisation du personnel et du matériel des P. C. desservis ; les moyens sont peu nombreux : optique, coureurs, cyclistes, estafettes, artifices, et d'un emploi le plus souvent très précaire. Sur la ligne de résistance, organiser d'avance le réseau.

Suivant cette étude, examinons comment se présente, d'une manière générale, le plan d'observation de la D.I. et du Régiment d'Infanterie dans les 2 cas les plus caractéristiques des opérations :

— *la stabilisation* : *minimum* de moyens aux nœuds de compartimentage du terrain en profondeur et en largeur.

Maximum de missions.

— *la marche d'approche* : *maximum* de moyens sur un ou deux axes de marche.

Minimum de missions.

I° Stabilisation.

C. A. **Plan d'observation de la... D. I.**

D. I.   (Extrait du plan de renseignements).

I. **Situation.** — Ennemi.

Ami.

II. — **Constitution générale de l'observation dans la D. I.**

— Observation aérienne : Ballon, aviation.

— Observatoires de commandement (D. I. — C. R. A. — I. D. A. D.).

— Observatoires d'Infanterie.

— Observatoires d'Artillerie. } Observatoires de réglage.
} Observatoires des différents chefs

(Plan de répartition sur carte ou plan directeur).

III. — **Observatoires établis par la D. I.**

(Observatoires de commandement).

1° *Enumération.*

2°) *Pour chaque observatoire :*

a) *Emplacement approximatif :* { Reconnaissance à effectuer.
Choix de l'emplacement définitif.
Coordonnées.
Nom de l'observatoire.
Champ d'observation.
Zones de surveillance.
Direction origine, s'il y a lieu.

b) *Missions.*

— Missions principales.

— Orientation des recherches.

— Consignes d'établissement.
> Heure d'occupation.
> Heure de fonctionnement.
> Position dans le réseau d'obser- vation.
> Compte rendu d'établissement.
> Observatoire à occuper (repli, bombardement, avance).

— Consignes relatives au ca- mouflage et à la sécurité.
> Chemin d'accès à l'observatoire.
> Ordre d'urgence des travaux.
> Camouflage.
> Circulation.
> Armement.
> Protection contre les gaz.

— Consignes particulières, s'il y a lieu.

c). *Répartition des moyens.*

1°) Personnel : observation | complémentaire, s'il y a lieu, et unité
transmission | qui le détache.

2°) Matériel : observation.
transmission.
cartographique.
d'installation.

3°) Unité chargée du ravitaillement.

4°) Unité chargée de l'installation (et rôle de la S. T.).

d) *Transmission des renseignements.*

— Indicatifs.

— Position occupée dans le réseau.

— Moyens à établir, à entretenir.

— Nature des renseignements à transmettre immédiatement.

— Autorité à qui ils doivent être transmis et ordre d'urgence.

— Moyens à utiliser normalement, éventuellement.

— Conditions d'envoi des comptes rendus.

— *Liaisons.* Autorités qui doivent se faire représenter au P. O.

Consignes générales. Passage de l'heure.
Conduite en cas d'attaque.
Destruction de documents... (etc.).

IV. **Observatoires établis par les corps de troupe.**

— Répartition des zones attribuées aux corps de troupe.

— Enumération des observatoires à installer obligatoirement dans chaque zone.

4

— Dispositions prises pour l'installation dans les secteurs voisins (s'il y a lieu).

— Rattachement au réseau de D. I.

Pour chaque observatoire :

a) emplacement.

b) missions.

c) répartition des moyens.

d) transmission des renseignements.

(Ces 4 paragraphes contenant les mêmes alinéas que ceux contenus dans la 1re partie du plan).

Le plan ainsi établi, croquis et ordres, est soumis à l'approbation du général Commandant la D.I.

Il arrive ensuite au R.I., pour exécution.

L'officier de renseignements du R.I. étudie la zone qui lui est attribuée, d'abord sur la carte, et au moyen de reconnaissances, suivant les possibilités.

Il fixe : 1° les observatoires indiqués par la D. I., leur zone.

2° les observatoires complémentaires.

3° les postes d'extrême avant nécessaires pour étendre le réseau jusqu'en première ligne : Poste de guetteurs de compagnie (P.G.), poste d'observation avancé du régiment (1).

Puis il répartit : la construction,

l'occupation,

le fonctionnement,

des différents postes ainsi obtenus, entre le R. I. et ses bataillons.

Ceci fait l'objet d'un plan en deux parties, semblable comme contexture, à celui de la D. I.. soumis à l'approbation du Colonel commandant le Régiment et transmis à la Division.

2° MARCHE D'APPROCHE.

Le plan de la D. I., dans la marche d'approche, tend à constituer, 1°) *pour son propre compte.*

a) un axe d'observation.

b) une répartition logique du personnel et du matériel sur cet axe.

En vue : des déplacements.

du prolongement de l'axe.

de l'extension du réseau.

de l'aide à apporter aux corps de troupe.

______

(1) En période de marche, ou de stabilisation temporaire, le poste d'observation avancé du Régiment se juxtapose souvent au centre de transmissions avancé du Régiment (C. T. A.)

2º) *pour les corps de troupe.*

A orienter leurs recherches : directions.

zones.

missions générales et particulières

rattachement à l'axe de la D. I.

L'officier du R. I. obéit aux mêmes directives et son ordre se présente ainsi :

D. I.   P. C. le ....

R. I.   Ordre nº ....

I. — **Situation.** — Ennemi.

Ami.

II. — **Mission** du **Régiment** ; objectifs, axe de marche.

III. — **Horaire de l'Artillerie** ; code de signaux par artifices.

IV. — **Équipes du R. I.**

a) Répartition du personnel en 3 équipes — les 2 premières se doublant, la 3ᵉ, réserve de personnel.

b) Ordre à chacune des 2 premières équipes.

1º *Emplacement*
- Initial.
- Horaire et axe de marche du R. I.
- Bonds successifs.
- Itinéraires.
- Point à ne pas dépasser sans nouveaux ordres.

2º *Missions*
- D'après mission de l'unité.
- Points particuliers à observer.

3º *Répartition des moyens.*

a) Personnel
- Observation.
- Transmission.

b) Matériel
- Observation.
- Transmission.
  - Mode de construction.
  - Temporaire, permanent.
  - Axe de transmission du R. I.

Cartes

4º *Transmission des renseignements.*
- Itinéraire du Colonel.
- Itinéraire de l'officier de renseignements.
- Situation des voisins.
- Autorité que le renseignement pourrait intéresser.
- Horaire, si possible, de leurs déplacements.

III. Fonctionnement des observatoires

I. PÉRIODE DE MOUVEMENT (exemple de fractionnement).

Personnel d'observation. — Fractionnement au Bataillon en une équipe double :

Le sous-officier observateur du Bataillon chef de la première équipe et 2 observateurs.

Le sous-officier observateur d'une Compagnie (celle de l'axe que suit le chef de Bataillon) chef de la 2ᵉ équipe et 2 observateurs.

Personnel et matériel de transmission. — Commun aux 2 équipes et utilisé sur place, à savoir :

Au Bataillon. — 1 signaleur de 10 type B. A., appareil travaillant normalement avec l'arrière, et son équipe de 2 hommes.

— Coureurs.

— Artifices.

A la compagnie la plus proche. — Mêmes dispositions qu'au Bataillon.

Fractionnement au Régiment :

Personnel d'observation. — 3 équipes dont 1 équipe double.

1ʳᵉ équipe. — 1 sous-officier, 2 observateurs,

2ᵉ équipe. — 1 sous-officier topographe, 2 observateurs.

3ᵉ équipe. — Réserve de 2 observateurs.

Personnel et matériel de transmission.

— Maximum réalisable, *en propre* aux équipes.

2 signaleurs de 10 type B.A. avec leurs équipes. } fourni par

1 atelier téléphonique complet. le

Coureurs. P.C. du R.I.

Artifices.

— de plus tout le matériel des P. C. à proximité, utilisé sur place.

Marche des équipes.

Le principe de la marche de chaque équipe doublée est le suivant :

On suppose sur un axe de marche quelconque, 4 points successifs d'observation : A., B., C., D.

La 1ʳᵉ équipe de l'équipe double occupe A et observe.

La 2ᵉ équipe se rend à B., occupe B et observe.

La 1re équipe part alors de A, dépasse B, occupe C et observe.

La 2e équipe repart de B, dépasse C, occupe D et observe.

Les ordres sont donnés au départ pour la 1re station de chaque équipe par l'équipe l'officier de renseignements, au Régiment, et, en découlant, par le sous-officier de renseignements, au Bataillon.

Reconnaissance.

L'officier a déterminé le point sur la carte.

La reconnaissance est préparée par le sous-officier de l'équipe avancée qui reçoit les ordres énoncés plus haut. Elle comporte le tour d'horizon, la délimitation de la zone d'emplacement la plus favorable, prépare l'occupation par l'officier de renseignements.

Celui-ci se tient à proximité du poste de commandement de Bataillon situé sur l'axe de déplacement ; il est au centre de son personnel avec son équipe de réserve et règle les ordres et les mouvements.

Dès qu'il a pris possession du point préparé par un sous-officier, il met tout en œuvre pour l'exploitation intensive immédiate ; souligne, s'il y a lieu, l'importance de l'observatoire à l'officier de renseignements de la D. I., y commence les travaux selon l'ordre d'urgence s'il en a reçu avis.

II. PÉRIODE DE STABILISATION.

Le terrain influe ici considérablement sur la forme du canevas d'observation :

— Si le terrain est très couvert — vues limitées : éléments avancés nombreux, organisation de l'écoute.

— Si le terrain est accidenté — angles morts : organisation en étages, se flanquant.

Ceci pour les cas les plus difficiles, d'où :

Personnel d'observation.

Répartition du personnel de guet par groupes de 2 hommes, quelquefois avec 1 gradé.

Constitution sur le ou les points importants d'une équipe plus forte et d'un sous-officier.

Personnel et matériel de transmission.

Avant tout, entente avec l'officier de transmission. Celui-ci peut assez facilement, par un emploi judicieux de ses équipes téléphoniques, assurer un bon réseau de téléphone pour l'observation de la zone du régiment, Là est la seule question importante, surtout en ce qui concerne le personnel. Les autres moyens possibles ne décèlent pas les mêmes difficultés ; leur emploi est facile mais de rendement beaucoup plus faible que celui du téléphone.

Reconnaissances.

des postes de guet, par un sous-officier observateur, sous réserve de contrôle par l'officier de renseignements ;

d'un observatoire, par l'O.R. aidé du sous-officier topographe.

Le travail d'organisation commence aussitôt (voir conférence de topographie) mais avec la plus grande discrétion (camouflage). L'O.R. règle l'ordre d'urgence.

III. GÉNÉRALITÉS DE FONCTIONNEMENT.

Observation.

L'observation est continue. Elle est faite généralement par 2 hommes. L'un guette à la jumelle, indique les points douteux au second qui termine et situe l'incident observé au moyen d'appareils plus puissants et plus précis.

Comportant, même en période calme, l'étude patiente, obstinée de chaque forme du terrain, elle nécessite, de par la fatigue qu'elle provoque l'établissement d'un tour de service.

L'enregistrement immédiat des observations est un acte indispensable (mentionner la date, l'heure). Même s'il paraît peu important, ne négliger aucun indice.

Transmission.

La transmission des renseignements est immédiate, si c'est nécessaire ; elle est faite aux heures fixées pour les comptes rendus périodiques, si l'observation est peu importante.

Elle est délicate au début du fonctionnement de l'observatoire où, en attendant la construction du fil, il est nécessaire de mettre en œuvre un autre moyen.

Elle nécessite également un tour de service.

Commandement.

Le gradé le plus ancien des observateurs prend le commandement de l'observatoire. Il règle les tours de service d'observation et de transmission. Il désigne l'ordre d'urgence des communications et décide de l'autorité à prévenir en cas de nécessité.

Relève.

Il fait afficher les consignes et les fait observer strictement.

L'équipe qui relève doit séjourner un certain temps, de durée déterminée par les circonstances, avec l'équipe relevée.

1° Respecter les consignes de circulation.

2ᵉ Prendre les consignes de fonctionnement.

3° Continuer les travaux en cours.

Heure.

Elle est passée, chaque jour, par les soins de l'officier de renseignements.

Dossier d'observatoire.

Il se compose :

1° du plan d'ensemble schématique du réseau d'observation au quel appartient le P. O. ;

2° du croquis panoramique ;

3° du croquis des parties vues et cachées ;

4° du plan du réseau des transmissions ;

5° de plans directeurs ;

6° de consignes (affichées dans l'observatoire) ;

7° de 2 carnets d'observatoire ;

8° d'un carnet de comptes rendus ;

9° d'un carnet de reçus d'observation (modèle semblable à celui des transmissions).

TENUE DES ARCHIVES.

1° Carnet d'observatoire.

Chaque poste est doté de 2 carnets d'observatoire semblables, de couleur de couverture différente, permettant la transmission périodique du carnet sans interrompre les notations.

Cette transmission est faite à l'autorité dont dépend l'observatoire. Le carnet à couverture rouge est transmis, par exemple, les jours pairs ; le carnet à couverture bleue, les jours impairs.

Coller au dos de la couverture un croquis avec :

— emplacement de l'observatoire ;

— directions repères ;

— secteur d'observation, etc.

permettant la lecture rapide des renseignements portés à l'intérieur du carnet.

Se conformer quant à la forme à donner au texte aux modèles des pages suivantes :

MODÈLE DE CARNET D'OBSERVATOIRE

(Format 20 cm. × 15 cm.)

a) *Couverture et 1re page.*

Carnet d'observatoire n°

—

Désignation de l'observatoire

—

Coordonnées de l'observatoire

$x =$

$y =$

b) *Pages suivantes.*

I. Renseignements d'ordre général.

A. *Consignes de l'observatoire* (3 pages).

B. *Matériel de l'observatoire* (2 pages).

C. *Missions d'observation.*

a) Secteur de surveillance, nature des incidents à observer, événements à signaler immédiatement (1 page).

b) Autorités à qui les renseignements doivent être transmis immédiatement par ordre d'urgence (1 page).

c) Unités ou observatoires voisins susceptibles d'utiliser les renseignements (1 page).

d) Conditions d'envoi des comptes rendus périodiques (1 page).

D. *Organisation des transmissions.*

a) Lignes téléphoniques (schéma) (2 pages).

b) Transmissions optiques (schéma), repères des directions (1 page).

c) Autres moyens de transmission (1 page).

II. Données topographiques.

A. *Mesures topographiques.*

a) Coordonnées de l'observatoire.

b) Direction origine.

c) Directions repères de l'observatoire.

Numéro   Définition   Gisement   Observations

  1

  2

  3, etc.

B. *Points de repères principaux vus de l'observatoire.*

(Définitions, coordonnées, croquis) (2 pages).

C. *Objectifs principaux vus de l'observatoire.*

(Définitions, coordonnées, croquis) (6 pages).

III. ENREGISTREMENT DES OBSERVATIONS

(30 tableaux sur feuille double).

Date	Heure	Ecart angulaire par rapport à la direction origine	Nature des observations	Nom de l'observateur	TRANSMISSION FAITE		
					à qui	à quelle heure	par quel moyen

   2° Carnets de comptes rendus.

Chaque poste est doté d'un carnet de comptes rendus.

Chaque carnet comporte 30 feuilles doubles, du modèle ci-dessous, dont l'utilisation est semblable à celle d'un carnet d'arrivée et de transit de transmission.

Ecrire sur la 1re feuille le texte de l'observation, si l'on a pris soin d'intercaler entre la feuille n° 1 et la feuille n° 1 bis, un papier carbone, on obtient ainsi une copie exacte du texte, conservée au P. O.

   a) *Si le compte rendu est envoyé par coureur.*

Le coureur accuse réception de l'original au P. O. en signant la feuille n° 1 bis.

En remettant le compte rendu à son destinataire, il demande à son tour une signature sur un carnet de reçus (voir plus loin).

Cette feuille est épinglée au retour du planton sur la feuille n° 1 bis.

b) *Si le compte rendu est envoyé par un moyen de transmission autre que le coureur.*

L'original est confié au personnel de transmission du poste qui l'épingle sur son carnet de départ et en donne reçu au personnel d'observation.

MODÈLE DE CARNET DE COMPTES RENDUS

. . . . Corps d'Armée   Le . . . .
. . . . Division   COMPTE RENDU D'OBSERVATION
. . . . Régiment.
. . . Unité   Observatoire de : $x =$
     Coordonnées $y =$

Direction origine ou directions repères de l'observatoire $\left\{ \begin{matrix} \text{N}^\circ\ 1 \\ \text{N}^\circ\ 2 \end{matrix} \right.$

Date	Heure	Ecart angulaire par rapport à la direction origine	Nature des observations	Nom de l'observateur	TRANSMISSION FAITE		
					à qui	à quelle heure	par quel moyen

Le Chef de Poste.

IV. Observation terrestre par procédés spéciaux

Les écoutes électriques.

But : *a)* Capter les communications électriques de l'ennemi faites par téléphonie ordinaire, télégraphie par le sol, télégraphie et téléphonie sans fil.

b) Surveillance de la discipline des transmissions électriques des troupes amies.

Moyens : Les écoutes électriques comprennent :

A. Les écoutes téléphoniques.

B. Les écoutes de télégraphie par le sol (T.P.S.).

C. Les écoutes radiotélégraphiques.
D. Les écoutes radiogoniométriques.

A. ECOUTES TÉLÉPHONIQUES

But : *a*) Capter les conversations téléphoniques ennemies.
     b) Surveillance intérieure.

a) Principe et matériel.

Les courants téléphoniques variables passant à travers le sol, soit qu'il y ait mise à la terre dans la construction des lignes, soit qu'il y ait pertes par isolement défectueux dans celles-ci, peuvent agir par induction, à distance, dans un système capteur aménagé à cet effet, à proximité du front ennemi.

Ce système capteur peut présenter 2 formes :

1° Construire une base de T. P. S. de 2 à 300 mètres de longueur, à proximité de la ligne ennemie. Recevoir et amplifier les courants à l'aide d'un amplificateur à basse fréquence, généralement le 3 ter ; utiliser pour l'emplacement du personnel les règles ordinaires régissant la construction des bases.

2° S'il n'est pas possible de construire une base travaillant par induction et conduction, constituer dans la zone amie à proximité de notre première ligne un cadre inductif de plusieurs spires de câble de campagne entourant un bloc de terre limité par 2 parallèles et 2 boyaux. Relier les 2 extrémités du fil à l'amplificateur.

Les procédés précédents sont utilisés en station longue ou momentanée ; en marche, l'écoute consiste à utiliser les circuits non détruits par l'ennemi en branchant sur ceux-ci un téléphone en dérivation.

Personnel.

1. Sapeurs télégraphistes : en nombre suffisant pour le montage et l'entretien du poste.

2. Interprètes : nombre calculé sur un maximum de 8 heures d'écoute.

Organisation.

L'organisation est faite par la section d'écoutes d'Armée, commandée par un capitaine ou un lieutenant. Elle comporte un certain nombre d'ateliers calculés d'après les besoins (10 à 15). Cet organe est rattaché au service des transmissions.

b) La surveillance intérieure est faite : soit par les ateliers de la section d'écoutes constitués dans ce but : vérification de l'établissement des lignes ; soit par des officiers spécialisés qui, dans les centraux téléphoniques, écoutent sur les différents circuits y aboutissant : vérification de la discipline d'exploitation.

B. ECOUTES DE T. P. S.

But : *a*) Capter les messages de télégraphie par le sol, ennemis.

b) Repérage des postes de T. P. S. ennemis.

c) Surveillance du réseau ami.

Principe et matériel.

a) *Captation des messages :* Même principe, même matériel que pour les écoutes téléphoniques.

b) *Repérage de T. P. S. :* Il faut constituer un réseau de plusieurs postes dans un secteur déterminé ; connaissant les possibilités en portée des postes de T. P. S., les facilités d'audition suivant la figure géométrique formée par les bases, il suffit qu'une émission soit entendue d'une des écoutes pour que le réseau ami, convenablement dirigé par cette écoute, obtienne un recoupement suffisant.

c) *Surveillance du réseau ami :* La surveillance appartient aux équipes d'écoute mettant en œuvre des postes de T. P. S., convenablement orientés ; ce personnel doit savoir lire parfaitement au son.

Organisation. — Les écoutes par T. P. S. sont faites également par la section d'écoutes d'Armée.

C. ÉCOUTES RADIOTÉLÉGRAPHIQUES

But : Capter les messages de T. S. F. ennemis.

Principe et matériel.

Les ondes hertziennes se propageant dans toutes les directions, il suffit d'affecter à l'écoute, des postes de T. S. F. ordinaires. Ces postes devront, par construction, pouvoir s'accorder sur les émetteurs choisis. Mais comme on ne peut s'accorder que sur une longueur d'onde à la fois, il est nécessaire de créer dans une armée un véritable réseau d'écoutes, presque semblable au réseau ennemi.

Ce réseau répartit entre ses postes toute la gamme des longueurs d'onde. Un organe centralisateur doté de moyens de transmission rapides groupe tous les renseignements recueillis.

Personnel. — Les sections radiogoniométriques et d'écoutes rattachées au Service des transmissions assurent, en principe, le fonctionnement des écoutes radiotélégraphiques. Ce personnel spécialisé est complété, s'il y a lieu, par un prélèvement fait sur le personnel radiotélégraphique des grandes unités.

Organisation. — Incombe aux sections radiogoniométriques et d'écoutes. Elle n'existait pas à proprement parler pendant la guerre ; elle incombait à l'officier télégraphiste de chaque grande unité ; ce dernier reste parfois tributaire de ce service spécial en ce qui concerne le personnel.

D. — ÉCOUTES RADIOGONIOMÉTRIQUES

But : *a*) Repérer les postes de T. S. F. ennemis.
      b) Surveillance de la navigation aérienne.
      c) Surveillance intérieure.

Principe. — Si dans un poste récepteur de T. S. F. on remplace l'antenne par un cadre orientable fermé, mobile autour d'un axe, on constate que l'intensité d'audition est maximum quand le plan de cadre passe par le plan de l'antenne émettrice.

Si plusieurs postes récepteurs, situés en des endroits différents. s'orientent ainsi sur un poste émetteur, qu'on repère les directions obtenus sur la carte à un poste centralisateur, on obtient au point de recoupement l'emplacement cherché.

Matériel. — Postes radiogoniométriques sur remorque automobile

Organisation. — Une section radiogoniométrique et d'écoutes d'Armée, faisant partie de la compagnie radiotélégraphique d'Armée. Cette section établit un réseau de quelques postes (trois en principe) présentant d'après leur emplacement de bons recoupements possibles dans la zône ennemie et un organe centralisateur près du Quartier Général de l'Armée.

Communication des renseignements obtenus
par les écoutes électriques

Les renseignements sont centralisés à l'Armée, qui reçoit :

directement, les résultats des écoutes radiotélégraphiques et radiogoniomètriques.

par la voie hiérarchique, les résultats des surprises de communications téléphoniques et des écoutes par T. P. S. qui sont d'abord examinés sur place et par les échelons subordonnés, en raison de l'urgence qu'il peut y avoir à communiquer aux intéressés les renseignements captés.

L'interprétation des renseignements est du ressort du 2ᵉ Bureau

LES CARACTÉRISTIQUES

Techniques des Observatoires

QUATRIEME CHAPITRE

QUATRIÈME CONFÉRENCE

Les Caractéristiques Techniques des Observatoires

DÉTERMINATION DE LA POSITION D'UN OBSERVATOIRE

CARACTÉRISTIQUES.

Les observatoires ne peuvent exister en principe qu'au voisinage des *crêtes* et *points culminants*.

Avant une *opération offensive* destinée à pénétrer profondément dans les lignes ennemies, les observatoires seront recherchés sur les hauteurs qui donnent des vues non seulement en avant des lignes mais aussi sur la *zone intermédiaire et l'arrière*.

Lorsque le terrain le permet, certains observatoires d'artillerie sont placés en avant et à proximité des batteries qu'ils desservent, au voisinage *des sommets qui ont des vues très étendues* : on peut construire des groupes d'observatoires qui fonctionnent les uns pour l'artillerie, les autres pour le commandement.

Dans les *régions faiblement battues*, l'observateur se poste souvent derrière un *masque artificiel* ou derrière une haie à proximité d'un abri.

Enfin les *observatoires très éloignés* sont en général constitués par des pylones en bois ou métalliques de 20 à 30 m. de hauteur.

Des observatoires sont souvent aussi placés dans des arbres aménagés qu'il est en général difficile de repérer avec précision sur les photos. Les observatoires de ce genre situés chez l'ennemi pourront toujours à défaut de renseignements précis, être aveuglés par des tirs à obus spéciaux et fumigènes.

La *détermination* des caractéristiques d'un observatoire comporte un certain nombre d'opérations qui sont :

1. — Position de l'observatoire ;

2. — Exécution du tour d'horizon ;

3. — Exécution du croquis sommaire d'observation ;

4. — Détermination des coordonnées de l'observatoire ;

5. — Détermination de l'orientement de l'observatoire et des directions-repères ;

6. — Organisation et matériel des observatoires ;

7. — Etude de la zone ennemie comportant la détermination des parties vues et cachées pour l'observatoire, l'étude des objectifs et l'établissement du croquis perspectif.

Il est bien entendu que toutes ces opérations ne sont exécutées complètement que si on se stabilise deux jours au moins. Elles sont très simplifiées en période de marche et en cours d'attaque. Mais il y a toujours intérêt à établir les documents qui viennent d'être énumérés dès qu'on peut le faire et le plus tôt possible.

I. — Position.

a) Si on peut *faire station* à l'emplacement choisi pour l'observatoire, sa position est déterminée soit à partir du *canevas d'ensemble*, soit d'après le Plan directeur, soit d'après la carte au 50.000^e. Il y a lieu de prendre dans l'exécution de cette opération toutes les précautions nécessaires pour que l'observatoire ne soit pas repéré par l'ennemi.

b) Si on ne peut pas faire station à l'observatoire, on le rattache au point de station par un rayonnement ou un cheminement.

Quand on se place *au moyen du plan directeur,* effectuer le plus grand nombre de déterminations possible de manière à pouvoir éliminer celles qui sont appuyées sur des points douteux ou erronés. Lorsqu'il s'agira *d'observation rapprochée* notamment, il peut arriver que l'observatoire se trouve à proximité des parallèles ou boyaux. On détermine alors facilement sa position au moyen du *Plan directeur où sont figurées les organisations françaises,* soit en *interpolant* entre deux points remarquables, soit au moyen d'un rattachement à l'un de ces points.

Quand on fait le *point au moyen de la carte,* la précaution indiquée ci-dessus est encore plus importante à observer. Tenir compte des *remarques suivantes :*

Beaucoup de détails sont représentés par des signes conventionnels dont les dimensions sont souvent exagérées (routes, canaux, etc...). Par suite il peut arriver que le point de station tombe *sur* une route alors que *dans la réalité, on stationne à côté.* Mesurer les distances à partir de l'axe des voies de communication.

Certains détails de *planimétrie sont fréquemment peu exacts* car leur mise en place n'a pas été faite en même temps que celle des autres détails de la carte, mais au cours d'opération de révision. N'utiliser ces détails qu'avec circonspection.

II. — Tour d'horizon.

Une fois la position de l'observatoire déterminée, il faut effectuer *un tour d'horizon* c'est-à-dire procéder à *l'identification sur la carte du paysage* et à la *recherche sur le terrain des détails de la carte.*

Ayant repéré sur la carte le point où il se trouve, l'observateur devra *s'orienter très rigoureusement* ; cette *opération est essentielle.* Elle est exécutée par les procédés et avec les instruments décrits en topographie. La *planchette* notamment, mise rigoureusement en station est orientée sur des points connus éloignés, ce qui est le procédé le plus exact ou en tenant compte de la déclinaison du lieu.

On peut employer encore un *instrument de mesure d'angles.*

Au cours du tour d'horison, l'étude porte :

sur la planimétrie : rechercher des *repères éloignés,* bien nets et *déterminer des directions* qui seront utilisés comme directions-origines.

sur les formes du terrain : s'attacher à *les reconnaître,* à séparer les différentes crêtes, à les situer sur la carte et à en préciser les limites.

sur les objectifs : ceux-ci peuvent être des *zones d'organisations défensives* ou des *objectifs particuliers.* Ils sont désignés soit sur la carte, soit à vue.

Il est *absolument indispensable d'apporter le plus grand soin. beaucoup de méthode et de précision dans l'exécution du tour d'horizon.* Les tours d'horizon hâtifs effectués d'un coup d'œil rapide simplement avec une carte tenue à la main, peuvent conduire à de grossières erreurs.

Comme il a été dit plus haut, le meilleur procédé pour faire un tour d'horizon consiste dans l'emploi de la *planchette topographique orientée portant le P. D., ou la carte et l'alidade nivélatrice ou la règle éclimètre*

Si on ne peut faire station à la planchette, dans une tranchée par exemple, faire le tour d'horizon au moyen d'un instrument de mesure d'angles orienté.

EMPLOI DE LA PLANCHETTE. — (Procédé goniographique).

Se mettre en station ; faire le point, c'est-à-dire déterminer le lieu où l'on se trouve.

Orienter rigoureusement la planchette.

Procéder alors par visées en direction avec l'alidade, le biseau de l'instrument passant par le point de station.

L'identification sur la carte des points visibles résulte immédiatement du tracé de leurs directions. Porter son attention sur les parties vues et cachées, identifier les contours apparents du paysage avec les crêtes indiquées par le nivellement du P. D.

EMPLOI D'UN INSTRUMENT DE MESURE D'ANGLES (procédé goniométrique).

Se mettre en station (goniomètre-boussole, lunette binoculaire, monoculaire, goniomètre périscopique...) *S'orienter.* (Ex : orienter le goniomètre-boussole) (G. B.).

Faire le point à l'aide des détails planimétriques environnants ; *reporter sur la carte* avec *le rapporteur* les directions ou angles observés.

Dans le cas du G. B. l'orientement ayant eu lieu à l'aide des gisements, tous les angles observés seront *des gisements* (Voir figure 1).

Orienter le goniomètre-boussole. Choisissons un point connu O d'où l'on aperçoit également trois points connus A B C *aussi éloignés que possible* ; déterminer au préalable sur le P. D. ou par le calcul les gisements α, β, γ, des directions OA, OB. OC.

1). — Mettre le goniomètre en station en O ; faire *marquer l'angle* à la *graduation rouge.*

2). — Desserrer la vis de serrage C de mouvement général ; amener sensiblement le viseur dans la direction de A ; achever le *pointé sur A* avec le bouton S du mouvement général.

3). — Sans toucher au mouvement général, faire le *tour d'horizon sur A, B, C,* en fermant sur A. Soient α' β' γ' les lectures. Si elles concordent à *1 millième près* avec les gisements théoriques α β γ l'instrument est orienté. S'il y a des différences notables, faire *la moyenne E* de ces différences $\beta-\beta'$, $\gamma-\gamma'$, puis à l'aide du mouvement général, *augmenter les lectures de la quantité E.* L'instrument est alors orienté et toutes les *lectures sont des gisements.*

Décliner le goniomètre-boussole :

1. — L'instrument est d'abord *orienté* comme il est indiqué ci-dessus.

2. — *Répérer l'orientation à l'aide du déclinatoire.* Pour cela l'aiguille étant libérée, tourner le plateau supérieur de façon à amener *l'aiguille au voisinage de son repère* (palette de débrayage). Achever la coïncidence à l'aide du bouton moleté *T. Lire le gisement* correspondant.

3. — Recommencer 3 ou 4 fois le pointé sur l'aiguille et *prendre la moyenne* des valeurs trouvées pour le gisement du Nord magnétique.

4. — *Noter cette valeur* et l'inscrire sur le goniomètre : *c'est la division de déclinaison de l'appareil pour le lieu considéré.*

DIFFICULTÉS PARTICULIÈRES D'IDENTIFICATION.

Il peut arriver que dans une direction particulière, plusieurs *crêtes se projettent à peu près les unes sur les autres, embrouillant la reconnaissance des détails.*

Dans ce cas on peut opérer ainsi :

Se déplacer sur la position à droite ou à gauche de 100 à 200 mètres ; les écarts angulaires des points douteux se modifient sensiblement, fournissant ainsi des indications sur leurs distances respectives.

Exemple : On aperçoit à peu près *dans la même direction* un clocher A nettement identifié et deux carrefours de tranchées B et C sur *lesquels on a des doutes, car le P. D. montre dans la direction de A plusieurs crêtes organisées.* De la station de planchette S, mesurer l'écart angulaire AB soit 10 M ; B étant à droite, se porter à gauche de 150 mètres (distance mesurée au pas) en S 1, on constate que cet écart angulaire a augmenté et est égal à *35 M., B étant toujours à droite* (V. figure 2).

Le clocher A est à 6.000 mètres, quelle est la distance de B ?

La différence des parallaxes α et β est égale à la différence des écarts angulaires 35 M. et 10 M., on a $\beta - \alpha = 35$ M. $- 10$ M. $= 25$ M. Puisque le clocher A est à 6.000 m.

$$\text{sa parallaxe } \alpha \text{ est égale à } \frac{150}{6.000} = \frac{25}{1.000} = 25 \text{ M}$$

$$\text{or } F = nD \text{ ou } n = \frac{F}{D}$$

donc $\beta = 25$ M. $+ \alpha = 25 + 25 = 50$ M. et la *parallaxe de B vaut 50 M* : nous pouvons calculer la distance.

$$D = \frac{F}{n} = \frac{150}{50M} = 3.000 \text{ mètres}.$$

Un calcul analogue donnerait la position du point C.

Ces points s'identifient alors facilement sur le P.D.

III. — Croquis.

L'officier consigne sur un *croquis sommaire* les observations faites au cours de son tour d'horizon. Ce croquis porte notamment :

a) — *Les points de repère* définissant les *directions-repères* de l'observatoire.

b) — *Les positions des objectifs* et les *points de repère remarquables* du terrain.

c) — *Les points susceptibles de servir de buts auxiliaires* avec les détails caractéristiques du terrain permettant de les retrouver facilement. Ce croquis doit être très *simple*, très *clair* et appuyé sur des mesures angulaires.

IV. — Coordonnées des observatoires.

Nous avons vu comment on pouvait obtenir la *position* d'un observatoire. Cette position une fois rigoureusement déterminée on calcule les *coordonnées rectangulaires* de l'observatoire en s'aidant du P.D. quadrillé.

V. — Détermination de l'orientation de l'observatoire.

L'orientement de l'observatoire est assuré par plusieurs *directions-repères*, définies chacune par un détail très net et éloigné du paysage. On choisit une direction-repère environ tous les *50 ou 100 millièmes*. Quelques-uns de ces détails sont choisis à *distance moyenne* afin de pouvoir orienter les instruments de visée si le temps n'est pas *très clair*. Il est dressé un *tableau de ces directions-repères* sous la même forme qu'un croquis d'ensemble de panorama et comportant le *croquis* de chaque direction-repère, sa *désignation* et son *gisement*.

Leur gisement est déduit de la *direction origine adoptée*, c'est-à-dire du V_0 adopté.

L'orientement V_0 adopté doit résulter obligatoirement d'une moyenne et non d'un calcul unique. La moyenne donne en effet une indication sur la précision obtenue et sert de sauvegarde contre les fautes.

Si l'on aperçoit des *points géodésiques* de l'observatoire, on les comprend dans le tour d'horizon fait à l'observatoire. On calculera alors le gisement de ces différents points géodésiques en partant des coordonnées adoptées pour l'observatoire. C'est donc résoudre le problème suivant :

Calculer le gisement d'une direction définie par deux points de coordonnées *connues* (celles du point géodésique et celles du point A station de l'observatoire). C'est un problème assez courant surtout en artillerie, mais il exige l'emploi des lignes trigonométriques et des tables de logarithmes.

DÉTERMINATION DE V_o.

La détermination de la direction origine doit être faite avec la *plus grande précision*. Dans le cas d'observatoires importants, il pourra être nécessaire de faire appel à des *spécialistes* (artilleurs par exemple) qui détermineront V_o à l'aide du *théodolite et de visées astronomiques*. Si l'on veut s'en tenir à une précision moins grande, l'emploi du goniomètre-boussole par exemple est tout indiqué.

VISÉES DE CONTROLE

Comme contrôle de l'organisation topographique, on cherche à *intersecter des points remarquables* du terrain, visible de plusieurs observatoires.

Ayant pris sur la carte des coordonnées d'un *point remarquable reconnu* et ayant calculé pour les observatoires la direction dans laquelle on doit voir ce point, on s'assurera que cette *direction calculée coïncide* sensiblement avec la direction dans laquelle on observe le point.

Au lieu de coordonnées, on peut procéder de la même façon *en utilisant le gisement*.

REMARQUE.

Naturellement il ne faut modifier les orientements adoptés aux observatoires que quand plusieurs contrôles de ce genre, effectués dans toute l'étendue du champ d'observation, auront indiqué des *erreurs systématiques*. Il ne faut pas oublier que le point remarquable est pris sur la carte, souvent après restitution photographique et que ses coordonnées n'ont que la précision de la restitution photographique.

VI. — Détails d'organisation des observatoires

GRADUATIONS.

Pour tous les observatoires, on adopte la graduation *en gisements*, c'est-à-dire une graduation de 0 à 6.400 millièmes à partir de la direction de l'axe des Y dans le sens du mouvement des aiguilles d'une montre.

S'il y a un panorama gradué, il est gradué en gisements.

MATÉRIEL.

Instruments d'observation.

Chaque observatoire possède *un ou plusieurs instruments de visée* disposés pour la mesure des écarts angulaires ; cercle de visée avec jumelle à prismes, lunette monoculaire ou binoculaire.

L'instrument principal de l'observatoire doit être orienté d'une façon invariable de manière à donner par lecture directe en écarts angulaires des directions de visée par rapport à la direction origine.

La mise en direction de cet instrument et la *vérification* de son orientation sont assurés par des visées fréquentes sur plusieurs repères.

Les repères sont espacés aussi uniformément que possible en direction et en portée.

Montre. — L'observateur est pourvue d'une *montre* dont on connaît *l'état* et la *marche.*

DOSSIER.

Le dossier de l'observatoire comprend :

1) — *1 planchette d'observatoire.* Un P. D. collé sur une planchette portant une graduation annulaire correspondant à celle de l'instrument et à celle du croquis perspectif.

2) — *Une cartes des parties vues et cachées.* Les zones visibles et cachées de l'observatoire sont indiquées avec précision.

3) — *Un croquis perspectif* précis et détaillé portant des indications très nombreuses, gradué en millièmes.

4) — *Des plans directeurs* mis à jour à l'aide des additifs et rectificatifs publiés par la G.C.T.A. et STCA.

5) — *Un carnet d'observatoire.*

6) — *Une consigne* qui règle le service de l'observatoire : mission des observateurs, tours de services personnel, nature et forme des comptes rendus, heures auxquelles ils doivent parvenir.

La consigne réglemente également la *circulation aux abords de l'observatoire* et la restreint autant que possible ; elle doit être observée par tous les visiteurs, *quel que soit leur grade.*

7) – *Un schéma des liaisons téléphoniques* de l'observatoire, les listes des autorités auxquelles on doit communiquer les renseignements recueillis-

Un extrait du dossier de l'observatoire (emplacement, accès, croquis, circulation, etc...) est adressé le plus tôt possible au Commandement qui le communique aux unités intéressées.

SURVEILLANCE DE LA ZONE ENNEMIE.

Une *surveillance continue* est exercée à l'observatoire en vue :

De *reconnaître tous les détails du terrain* et de l'organisation ennemie.

De *signaler* immédiatement tout *objectif* apparaissant dans la zone ennemie et d'une manière générale toutes les *manifestations* de l'activité ennemie,

Les résultats de l'observation doivent se traduire en mesures enregistrées sur des croquis et plans et dans le carnet d'observatoire.

PRATIQUE DE L'OBSERVATION.

Les observations sont transmises soit *immédiatement* par téléphone, soit *périodiquement* à heure fixe par télélèphone ou par écrit. Toute *observation est transcrite sur le carnet.*

Toute observation emporte une indication *d'heure*, de *direction*, de *position présumée* enfin tous les renseignements d'ordre militaire sur l'objectif signalé.

En ce qui concerne la *direction*, énoncer l'écart par rapport à la direction-origine ou sous la forme : *gisement : tant de millièmes (ou décigrades)*.

En ce qui concerne *l'heure*, les comparaisons de montres de la main à la main ou par téléphone se font par l'envoi d'un *top* précis. Un officier chargé de donner l'heure à plusieurs observatoires tient avec chacun d'eux le dialogue suivant :

Officier. — Allô ! Je vais vous donner l'heure, prenez votre montre.

Observateur. — Mon lieutenant, prêt !

Officier. — Je vous enverrai le top à 11 h. 0' de ma montre... attention... (envoyé 5" avant 11 h. 0') *top* (envoyé au moment du passage de l'aiguille des secondes sur le zéro).

Observateur. — (Annonce successivement les secondes, minutes, heures de sa montre, lues au moment du top) : *35 s. — 3 m. 11 heures.*

L'officier fait le calcul suivant : la montre de l'observateur avancé sur la mienne de 3'35", la mienne avance de 6'25". — Notez sur le carnet. — Répétez.

Toute observation dont l'observateur n'est pas certain doit être transmise avec la mention « *douteuse* ». *Se rappeler que la conscience est la qualité primordiale* de l'observateur.

VII — Etude de la zone ennemie.

Le terrain et les organisations ennemies visibles de l'observatoire sont l'objet d'une analyse méthodique.

Cette analyse comporte :

1) *La détermination des parties vues et cachées* pour l'observatoire.

2) *L'étude des objectifs.*

3) *L'établissement d'un croquis perspectif* fixant les résultats des opérations précédentes.

Dans une *période d'activité* comportant un déplacement du front, ces diverses opérations sont exécutées parallèlement et sont étroitement liées entre elles. La détermination des parties vues et cachées, l'étude des objectifs donnent lieu à l'exécution *d'un croquis sommaire* fixant les résultats du tour d'horizon. Ce croquis n'est autre chose qu'un croquis perspectif réduit à ses éléments essentiels, c'est-à-dire à la *première phase,* telle que nous la décrirons plus loin.

Les opérations relatives à l'étude de la zone ennemie sont en période de mouvement réduites aux seules opérations indiquées ci-dessus.

Si le temps le permet et *si l'occupation du terrain se prolonge, le travail est ensuite poussé progressivement* de manière à perfectionner sans cesse l'étude de la zone ennemie. Il y a lieu alors de se conformer aux indications développées ci-après pour la détermination des parties vues et cachées, l'étude des objectifs et l'établissement du croquis perspectif.

DÉTERMINATION DES PARTIES VUES ET CACHÉES

La connaissance des parties vues et cachées d'un observatoire facilite l'identification des points du panorama.

La détermination des parties vues et cachées peut se faire d'abord *à l'aide de la carte.*

On obtient ainsi une *première approximation* qui doit toujours être *confirmée*, précisée et complétée par l'étude directe du terrain à l'observatoire même.

DÉTERMINATION PAR LA CARTE.

Si l'on dispose d'une carte *régulière en courbes* (par exemple un P.D. provenant des levés à grande échelle) la détermination des parties vues et cachées peut s'effectuer par des constructions graphiques sur la carte même. Cette détermination est d'autant moins précise que le nivellement en courbes l'est moins.

La méthode très simple consiste à *faire des coupes du terrain* par *des plans verticaux issus du point de vue*. Ces coupes ou *profils* se construisent d'après les méthodes indiquées dans les annexes au cours de topographie et qui ont été déjà étudiées.

Le profil est généralement *surhaussé,* ou *à double échelle,* c'est-à-dire que pour les distances horizontales on conserve l'échelle de la carte et pour les hauteurs l'échelle est amplifiée.

Le choix des plans de coupe n'est pas arbitraire, il est inutile de procéder par plans régulièrement espacés. S'inspirer *des formes du terrain* avant tout et pratiquer les coupes au voisinage des changements de pentes, sur les lignes de faîte, les thalwegs, etc...

La détermination de l'horizon visible découle des problèmes suivants :

1) *Etant donnés deux points sur une carte, chercher s'ils sont visibles l'un de l'autre.*

Il suffit pour cela de joindre ces deux points et de construire le profil entre ces deux points.

2) *Déterminer sur la carte les parties vues et cachées dans une direction donnée.*

Construire le profil, mener les tangentes aux mouvements de terrain. Points de tangence et de sécance (voir figure n° 3).

3) *Construire sur une carte l'ensemble des parties vues et cachées d'un point donné.*

Il suffit de se conformer au problème n° 2 pour les profils exécutés par les points remarquables du terrain. On n'aura plus qu'à joindre par une ligne continue les points correspondants, on aura les limites du terrain vu et du terrain caché.

Ainsi il s'ensuit que lorsqu'un observateur parcourt du regard le terrain situé autour de lui, *l'ensemble des points de tangence de son rayon visuel aux mouvements de terrain forme la courbe qui limite supérieurement les parties du terrain vues en avant de ces mouvements ; cette courbe est dite de contour apparent.*

De même, *l'ensemble des points de sécance où ces mêmes rayons visuels prolongés vont ficher dans le mouvement de terrain suivant et situé au delà, forme la courbe qui limite inférieurement le terrain*

ou au-delà sur ce second mouvement de terrain ; cette seconde courbe est dite courbe d'intersection. (voir figure n° 3).

DÉTERMINATION PAR L'OBSERVATION DIRECTE.

Ce premier travail exécuté, il faut *se transporter à l'observatoire*
et chercher à préciser les courbes séparatrices théoriques que l'on a
tracées. Cette opération se fait en s'appuyant sur des mesures d'angles
et de directions. Cette étude se fait à la jumelle ou avec la lunette
d'observatoire en ayant soin de bien *compartimenter le terrain*. Et
c'est seulement après cette étude que l'on arrête la carte des parties
vues et cachées.

ÉTUDE DES OBJECTIFS.

*Reconnaître et situer sur la carte les éléments qui présentent
le plus d'intérêt* soit par leur importance militaire, soit par les facilités tenant à leur visibilité, leur orientation, leur relief, etc... qu'ils
offrent au repérage. Exécuter au besoin des *petits croquis* de détail
des abords de ces points.

Si les objectifs *sont défilés*, rechercher les détails qui peuvent
constituer des buts auxiliaires. En faire un *croquis* et bien préciser le
détail qui sert de point de repère.

L'étude des objectifs est facilitée par la *photographie*. Les observateurs trouvent sur papier photographique ou sur papier ordinaire
tous les *renseignements* que des spécialites peuvent tirer de l'interprétation des photos.

D'autre part, la *comparaison* faite à l'observatoire du terrain, de
la carte et de la photographie aérienne rend de grands services. Il
arrive fréquemment que *l'objectif est peu ou point visible*, mais que
les détails planimétriques voisins que révèle la photographie sont
aperçus de l'observatoire. L'observateur notera soigneusement ces
détails sur son P.D. et devra être à même pour cette raison de pouvoir effectuer quelques *restitutions photographiques simples* par les
procédés décrits au cours commun de topographie, c'est-à-dire, *faisceaux anharmoniques, craticulage, alignements*. (Cours commun de
topographie, pages 635 à 639 et 640).

*Toutes ces restitutions ne sont valables que si le terrain photo-
graphié est plan* et si les points sur lesquels on s'appuie sont suffisamment rapprochés. Dans le cas contraire, il faut utiliser les appareils mécaniques de photorestitution dont nous verrons l'emploi et la
description dans une autre conférence.

LE CROQUIS PERSPECTIF.

L'étude du champ d'observation ayant été faite, il y a lieu d'en *fixer les résultats* par un graphique simple d'une lecture facile, compréhensible pour tous et qui cependant reproduit *toutes les précisions* obtenues par l'analyse du terrain.

Le document établi d'après ces principes porte le nom de *croquis perspectif*.

GÉNÉRALITÉS.

Le croquis perspectif complète le croquis topographique. Il représente le terrain tel qu'il est vu du point d'observation. *Il apprend à lire, à comprendre le terrain* que l'on a devant soi.

Il permet de désigner d'une façon précise les points ou objectifs intéressants.

Le croquis perspectif est une *excellente méthode de dressage pour les observateurs.*

La pratique du croquis perspectif développe *l'esprit d'observation.* L'obligation par exemple de représenter une crête implique celle de la découvrir et *l'habitude de regarder* conduit aussi à l'habitude de bien voir. Ainsi se fait *l'éducation de l'œil,* ainsi s'acquiert la connaissance du terrain, l'aptitude à découvrir rapidement et souvent d'après de faibles indices, les cheminements défilés du champ de bataille.

Il permet de noter d'une façon précise le *moindre signe extérieur* de l'activité ennemie (lueurs, fumées, travaux, etc...). Il est par suite très *employé en campagne,* non seulement dans la guerre de position, mais également, aussi souvent que possible, dans la guerre de mouvement.

Le croquis perspectif trouve donc son emploi dans un *grand nombre de circonstances* :

1) Levé à vue par perspective.

2) Croquis à l'appui d'un rapport de reconnaissance : « *Souvent avec deux traits de crayon, on lit plus et mieux qu'avec deux pages écrites* » a dit de Brak.

3) Croquis à établir par l'officier qui *devance* son Chef sur une position (par exemple le lieutenant orienteur dans le groupe d'artillerie) et qui présente à l'arrivée du chef une *figuration,* une *interprétation du terrain plus lisible que le terrain* lui-même, si l'officier a su dégager les seules particularités intéressantes pour l'opération projetée, en les *exagérant* au besoin pour les faire mieux ressortir.

On voit donc que le croquis perspectif n'est pas l'apanage des observatoires seulement et qu'il trouve son emploi dans maintes circonstances de la guerre.

Le croquis perspectif présente des *formes très variées* depuis le croquis sommaire que nous avons vu, jusqu'au panorama le plus complet exécuté entièrement à loisir et qui donne tous les détails qu'un examen minutieux peut faire découvrir dans le paysage.

QUALITÉS DU CROQUIS.

Un croquis perspectif ne peut vraiment *être utile que* s'il remplit les conditions suivantes :

1) Il doit être *précis* et pour cela être établi à une échelle déterminée ; il doit donc reposer sur un *canevas* établi par des mesures d'écarts angulaires et des mesures de hauteurs ; la *graduation angulaire en direction et la graduation en hauteur doivent y figurer.*

Le tracé doit y être représenté en *traits nets, continus* si possible, *bien arrêtés.* Eviter avant tout *le flou.*

2) Il doit être *simple et clair* ; laissant de côté toute considération esthétique il doit indiquer *seulement* ce qui est essentiel, mettre en évidence au premier regard *les détails militairement intéressants,* même si dans la réalité, ils ne sont pas très apparents. Il faut donc s'astreindre à sacrifier tout ce qui est inutile et *savoir trouver ce qui est indispensable.*

Il est de toute évidence que ces conditions imposées au croquis perspectif ne sont pas remplies par la simple épreuve photographique. Toutefois la *photographie* pourra être utilement employée pour faciliter l'exécution du croquis en lui fournissant immédiatement une *carcasse* s'appuyant sur le canevas établi au moyen des mesures d'angles et de hauteurs. Quoi qu'il en soit, le croquis ainsi dérivé d'une vue photographique n'est définitivement établi qu'après une étude *directe et minutieuse* du terrain et éventuellement des organisations ennemies. *On ne saurait se contenter de l'examen seul d'une épreuve photographique.*

ETABLISSEMENT DU CROQUIS.

Le croquis devant être gradué en *largeur et hauteur,* il est commode de l'établir sur une feuille de papier quadrillé. Adopter pour les largeurs une échelle de 5 à 10 centimètres pour 100 millièmes. L'échelle est choisie plus grande si on doit établir un croquis plus détaillé. Pour rendre plus claire la différence des crêtes successives dans un pays faiblement ou moyennement accidenté, adopter pour les hauteurs une échelle *plus grande que pour les longueurs*. Cependant ne pas dépasser pour l'échelle des hauteurs le *double* de l'échelle des largeurs de façon à ne pas déformer le panorama d'une manière trop apparente.

Le croquis est établi *progressivement*, l'opérateur ne sachant souvent pas de combien de temps il disposera ; son travail doit donner à chaque instant une représentation du terrain plus ou moins complète, mais *utilisable* sous chacune de ses formes successives.

Les tableaux ci-joints montrent les différentes phases d'exécution d'un croquis perspectif dont les graduations sont les suivantes :

Largeur : 10 centimètres pour 100 millièmes, soit 1 m/m pour *1 millième* ; *hauteur double : soit 2 m/m pour 1 millième.*

On peut envisager comme suit les diverses phrases de l'exécution d'un croquis perspectif.

PREMIÈRE PHASE (voir figure n° 4).

Constitution du canevas du croquis (*Détermination des points remarquables du terrain*). Faire choix d'un certain nombre de points de repère, *assez régulièrement espacés* en direction, si possible (par exemple tous les 50 millièmes). Mesurer soigneusement leurs écarts angulaires par rapport à un *point de repère situé vers le centre de la région étudiée* et leurs hauteurs. La mise en place exacte de ces points constitue une sorte de *canevas* permettant de situer avec précision par la suite tous les détails du croquis.

Pour les mesures d'abcisses et d'ordonnées on emploie une *réglette* en bois de 15 centimètres de longueur par exemple, que l'on divise en demi-centimètres. Un cordonnet terminé par une boucle que l'on passe dans la boutonnière supérieure de la vareuse ou que l'on tient entre les dents, permet *après étalonnage*, de placer la réglette à *0 m 50 de l'œil*. Il est facile de voir que dans ces conditions la graduation donne des angles de *10 en 10 millièmes de 0 à 300*.

On peut encore à défaut de réglette, utiliser le procédé employé par les peintres qui consiste à chercher des *proportions*, en tenant le crayon dans les quatres derniers doigts, le bras allongé, le pouce glissant le long du crayon.

Mais de toutes les mesures, celles effectuées avec une *réglette*, appareil peu encombrant, facile à construire, sont évidemment les plus précises. Et justement la première phase de l'établissement du croquis perspectif est celle qui exige le plus de soin et d'attention.

Il sera bon de rechercher vers le point d'intersection de lignes horizontale et verticale *en O un point de repère* qui servira *de base* pour placer les autres points. Sur les tableaux, c'est le clocher de Verneuil qui a été pris comme base du dessin.

Lorsque les points de repère ont été placés ainsi sur le croquis, on passe à la *2ᵉ phase* de l'exécution.

DEUXIÈME PHASE (voir figure n° 5).

La *2ᵉ phase donne le figuré des lignes remarquables* du terrain, et des organisations ennemies ; crêtes successives, contours des bois des localités, routes, lignes de tranchées. Plus d'éléments de traits, mais *des traits formant un ensemble continu.*

TROISIÈME PHASE (voir figure n° 6).

La *3ᵉ phase* est le *figuré détaillé de la planimétrie* naturelle et artificielle. Dans cette 3ᵉ phase, il faut 1eprésenter tout ce qu'une analyse fouillée du terrain à la *jumelle* peut faire ressortir. Ne pas se borner à dessiner les détails les plus frappants, *mais figurer les détails peu visibles pourvu qu'ils soient militairement intéressants.*

Mettre en place et figurer les points invisibles intéressants ; par exemple, carrefour de routes masqué par une crête, mais révélé par un boqueteau dont on voit la cime au-delà de la crête et représenté sur le plan directeur.

Sur le tableau, ce carrefour est celui que nous apercevons à 15 m. à droite de la verticale *o*.

QUATRIÈME PHASE (voir figure n° 7).

La 4ᵉ phase est la mise au net. La mise au net comporte la reprise générale du dessin (renforcement des traits, etc...), le modelé schématique du terrain (par grandes hachures), la figuration des éléments des organisations par des traits de couleur, les inscriptions de toute nature.

On inscrit sur la mise au net les noms et numéros des objets représentés, indiqués sur le plan Directeur.

Attribuer de suite des expressions caractéristiques rappelant leur forme à ceux qui n'ont pas d'appellation sur le plan et qui peuvent servir de points de repère.

Les écritures et inscriptions très lisibles ne doivent pas embrouiller le dessin ; il faut donc les en séparer. Les reléguer dans la partie supérieure du dessin autant que possible ou dans la partie inférieure, faute de place dans le haut. Les disposer *horizontalement* sur une ligne d'autant plus basse que l'objet est plus rapproché et dans l'ordre de succession des différents plans.

Employer au besoin des *lignes de rappel* légèrement dessinées que l'on termine par une flèche.

Entre les écritures concernant ce qui est vu du point d'observation, inscrire l'indication des principaux objets défilés, donnés par la carte (villages, ruisseaux, chemins de fer, etc...).

Figurer à la partie supérieure une *graduation en millièmes* ayant pour origine un point situé au centre de la région étudiée.

Mentionner d'nne façon très apparente le *point de vue* et *l'unité de mesure d'angle* employée (le millième par exemple).

Le tableau de la 4e phase représente un croquis perspectif *terminé* (sauf tranchées françaises et allemandes non figurées) exécuté de l'observatoire de la côte 103 ; terrain compris entre les villages de Puxières et de Bligny. Les indications sont réparties sur le haut et sur le bas de la feuille ; les échelles sont indiquées dans le bas à gauche.

PRINCIPES DE PERSPECTIVE.

La *perspective* est l'art de simuler les profondeurs sur une surface plane en reproduisant les objets, non pas tels qu'ils existent, *mais tels qu'on les voit*. Par exemple, les rails de chemin de fer vus d'un passage à niveau paraissent se rapprocher à mesure qu'ils s'éloignent : poteaux télégraphiques tous de la même hauteur que l'on voit dans le lointain de plus en plus petits et allant en se rapprochant, les arbres qui bordent une route toute droite et qui ferment l'horizon.

DÉFINITIONS (voir figure n° 8).

On appelle :

Point de vue le sommet S du faisceau de rayons issus de ce point.

Tableau le plan qui contient la perspective (le dessin perspectif).

Point principal central le point O.

Distance principale la ligne S. O. distance du tableau au point de vue.

Plan principal, le *plan vertical* S. O. qui contient la distance principale.

Inclinaison l'angle i dont le tableau est incliné sur la verticale $(i=S)$.

Point principal d'horizon le point I où l'horizontale issue de S rencontre le tableau.

Point principal vertical le point I' où la verticale issue de S rencontre le tableau.

Ligne d'horizon l'intersection du plan du tableau et du plan horizontal passant par S.

La perspective d'une droite est elle-même une droite.

Si une droite est *horizontale*, son point de fuite est sur la ligne d'horizon.

Si elle est *perpendiculaire au plan du tableau*, son point de fuite est le point central.

Si elle est *verticale*, son point de fuite est sur l'axe vertical du tableau.

Un faisceau de *droites concourantes* a pour perspective un *faisceau concourant* ; le point de concours des perspectives étant la perspective du sommet du faisceau de l'espace.

Des *droites parallèles* ont leur perspective concourant en leur point le fuite commun (routes, rails, etc.) si elles sont montantes, le point de fuite est *au-dessus* de la ligne d'horizon, si elles sont descendantes, leur point de fuite est *au-dessous* de la ligne d'horizon.

Si les droites sont parallèles au plan du tableau, leurs perspectives sont parallèles.

Un faisceau de droites verticales a un point de fuite qui est le point vertical principal.

Dans l'exécution du croquis perspectif (voir fig. n° 9).

1) Le tableau P est vertical (c'est le cas général) $i=o$, le point vertical principal I' est rejeté à l'∞ et les perspectives de droites verticales sont verticales et parallèles. Les droites perpendiculaires au plan du tableau deviennent des horizontales, elles ont leur point de fuite au point central O qui se confond alors avec le point principal d'horizon (ligne d'horizon).

2) *La ligne d'horizon* passe à hauteur de l'œil de l'observateur ; on la détermine en plaçant la feuille de papier horizontalement à hauteur des yeux. On reconnaît où elle passe par rapport aux différents points du paysage.

3) *La ligne de terre* ou base du dessin est la limite inférieure du croquis. C'est la ligne du terrain représentée la plus rapprochée du spectateur.

4) *Le point de vue* est la place occupée par l'opérateur.

PRINCIPES DU DESSIN.

Pour dresser un croquis simple et clair, il faut un procédé de dessin particulier.

Employer un crayon bien taillé, assez tendre. Procéder par *traits* nets, continu, bien arrêtés. Exclure les contours légers et imprécis. Éviter tout trait inutile sur le croquis. Indiquer les crêtes successives par des traits d'autant plus appuyés que la crête est plus rapprochée.

Figurer les bois par leur contour et des hachures d'autant plus serrées et épaisses que le bois est plus proche.

Figurer les routes et les chemins à deux traits, quelle que soit leur valeur indiquée sur la carte.

Les maisons, les localités, les ponts sont figurés par des schémas. Dans un village, par exemple, il ne faut pas s'astreindre à représenter toute les maisons qu'on voit, une par une, mais au contraire les grouper le plus possible en marquant nettement la ligne des toits que l'on aperçoit distinctement.

Les arbres sont figurés par des signes rappelant autant que possible la forme de l'objet représenté. Arbres d'autant plus petits qu'ils sont plus éloignés.

Enfin on peut indiquer sobrement le modelé du terrain par des lignes qui donnent l'impression du recul des différents plans. S'abstenir de cette figuration si l'on estime qu'elle peut nuire à la clarté du dessin.

Les crêtes et collines doivent être figurées par une ligne générale sans chercher à vouloir en marquer toutes les ondulations. Il est donné un exemple des crêtes successives avec modelé de terrain sur la figure n° 7.

UTILISATION DES CROQUIS PERSPECTIFS.

L'établissement d'un croquis perspectif oblige l'observateur à étudier son champ d'observation. Le croquis lui-même fixe cette étude et permet à l'observateur de mettre rapidement au courant ses successeurs en cas de relève.

Les croquis perspectifs sommaires, accompagnés ou non de croquis planimétriques, rendent dans la guerre de mouvement les plus grands services pour la désignation rapide et précise des objectifs aux divers échelons de commandement.

La pratique de l'exécution du croquis perspectif doit être à la portée de tous les Officiers, car il faut admettre ce principe : N'IMPORTE QUI SACHANT UN PEU DESSINER DOIT PARVENIR A EXÉCUTER UN CROQUIS PERSPECTIF TRÉS CLAIR.

Pour terminer, il nous reste à dire quelques mots sur les panoramas gradués.

PANORAMA GRADUÉ.

Dans un observatoire inconfortable constitué par exemple par un arbre aménagé la mesure précise des directions avec un instrument goniométrique est difficile ou même impossible. On a recours alors pour mesurer des directions précises à l'artifice suivant, qui revient en somme à graduer le paysage.

On établit un panorama gradué, sorte de croquis perspectif détaillé sur lequel on schématise un grand nombre de détails nets et caractéristiques du paysage qui constituent autant de direction-repères. Il faut s'efforcer de dessiner un détail du paysage tous les 10 ou 20 millièmes environ de manière que l'observateur ait toujours 2 détails-repères dans le champ de sa jumelle. Les gisements de ces détails repères doivent naturellement être mesurés au point d'observation même.

Ce panorama est établi d'après la photographie ou d'après les mêmes principes de dessin que les croquis perspectifs. Mais il se différencient de ces derniers :

1° — Par la précision et le nombre des mesures angulaires effectuées ;

2° — Par l'absence de légende d'orientation devenue inutile en raison de la destination particulière du panorama.

Le panorama est très soigneuseusement gradué par des spécialistes à l'aide de mesures précises faites avec un instrument goniométrique.

Le Service des Renseignements

de l'Artillerie

CINQUIÈME CONFÉRENCE

CINQUIÈME CONFÉRENCE

Le Service des Renseignements de l'Artillerie

Le service des renseignements de l'artillerie, ou S.R.A., est une création de la dernière guerre. Avant 1914, en effet, il n'existait dans les formations de campagne aucun organe spécialisé dans la recherche des objectifs d'artillerie.

Cette recherche incombait aux chefs d'artillerie, commandants de groupe ou de groupement. On prévoyait, d'ailleurs, l'emploi de l'aviation, ou la collaboration des autres armes, pour la détermination des objectifs échappant aux vues des observatoires terrestres.

Par contre, les règlements relatifs à la guerre de siège prévoyaient l'organisation d'un service des renseignements d'équipage. Ce service centralisait tous les renseignements intéressant l'artillerie, et provenant, soit du 2ᵉ bureau, soit des observatoires des unités d'artillerie, soit enfin des « engins aériens ».

Dès le début, les batteries se perfectionnèrent, de part et d'autre, dans l'art du défilement et du camouflage, si bien que les observatoires terrestres, et même les moyens d'observation aérienne, se trouvèrent souvent en défaut. Il fallut faire appel à des procédés nouveaux de repérage.

D'autre part, en raison de la stabilisation des fronts, les objectifs importants se multiplièrent, d'où la nécessité de les déterminer avec une grande précision pour éviter des dépenses inadmissibles de munitions.

Il était donc indiqué de centraliser les moyens de recherche des renseignements, et cela se fit spontanément, dans la plupart des corps d'armée dès le début de 1915.

Le service des renseignements de l'artillerie est officiellement créé par l' « Instruction sur l'emploi de l'artillerie lourde » du

20 novembre 1915 ; son fonctionnement est réglé en détail par l'instruction du 20 octobre 1916.

Pendant la guerre, il était prévu un S.R.A. aux échelons armée et
corps d'armée, ce dernier étant le plus important. — Actuellement,
un organe analogue est prévu à l'A. D. et à l'Etat-Major du régiment
d'artillerie ; en outre, l'officier orienteur joue, dans le groupe, le rôle
d'officier de renseignements.

Bien entendu, l'artillerie a besoin des renseignements d'ordre
général, qui intéressent les troupes de toutes armes, et qui lui sont
fournis : par ses observateurs, par les autres armes, et par le 2e Bureau.
Mais en outre, le S.R.A. est chargé :

1° De déterminer les objectifs des tirs d'artillerie autres que les
organisations défensives, ces dernières étant étudiées par le 2e Bureau.

Les objectifs déterminés par le S.R.A. seront donc les batteries
ennemies, et les « points sensibles », objectifs des tirs d'interdiction
ou de harcèlement.

2° De renseigner le commandement sur tout ce qui concerne l'artillerie ennemie (emplacements, organisation, matériel, dépôts de munitions, activité... etc.).

Ces renseignements sont communiqués au Commandant par l'intermédiaire du 2e bureau, seul responsable des renseignements vis à
vis du chef, et dont le S.R.A. n'est, à ce point de vue, qu'un auxiliaire.

Nous étudierons plus spécialement le S.R.A. de corps d'armée,
qui est le plus important ; nous dirons ensuite un mot du fonctionnement du S.R.A. aux autres échelons.

Le S. R. A. de Corps d'Armée en période de stabilisation

Nous allons décrire l'organisation du S. R. A. telle qu'elle était
réalisée à la fin de la dernière guerre. Cette organisation, qui convient
de façon parfaite à une situation stabilisée, doit être modifiée dans le
cas de la guerre de mouvement.

Dans tous les cas, le S.R.A. doit résoudre trois problèmes :

La recherche du renseignement.
L'interprétation du renseignement.
La diffusion du renseignement.

La recherche du renseignement.

Le S.R.A. comprend, au commandement de l'artillerie du C.A., un
capitaine chef de service et un lieutenant-adjoint. Il utilise, pour

ses recherches : 1° les organes spéciaux placés directement sous ses ordres ; 2° les services des renseignements des A.D., A.L., et des corps de troupe ; 3° par l'intermédiaire du 2° bureau, tous les autres moyens dont dispose le corps d'armée ; enfin, les S.A.R. des corps d'armée voisins et de l'armée.

La figure 1 représente le schéma de ce fonctionnement.

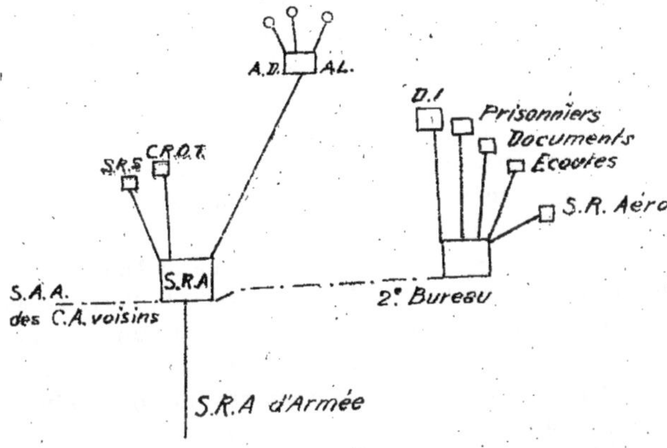

Fig. 1 — *Schéma du fonctionnement du S. R. A. en position stabilisée*

Les organes spéciaux de recherche sont les sections de repérage : par le son (S.R.S.), ou par l'observation terrestre (S.R.O.T.).

Les premières, utilisant les phénomènes sonores, déterminent l'emplacement d'une pièce au moyen du temps mis par le bruit du départ du coup pour parvenir à trois postes de coordonnées exactement connues. Nous verrons un peu plus loin leur fonctionnement avec quelques détails.

Les S.R.O.T. disposent d'observatoires à vues très étendües, et que l'on détermine très exactement. Pourvues d'appareils de visée tels que lunette monoculaire à prismes (type X), et lunette binoculaire, elles peuvent déterminer par intersection la position d'une pièce visible par ses flammes, ses fumées ou ses lueurs, ainsi, plus généralement, que de tout objectif non défilé à l'observation terrestre. Pour qu'une mesure soit considérée comme précise, il faut qu'elle ait pu être faite par trois observatoires au moins ; la grandeur du « chapeau » obtenu renseigne sur la précision réalisée.

Les S.R.S. et S.R.O.T. n'appartiennent pas organiquement aux corps d'armée ; elles sont simplement mises à la disposition de ces derniers, après avoir été installées par le S.R.A. d'armée suivant les nécessités du terrain.

Il faut, en effet, donner aux S.R.S. des emplacements de postes dominants, et éloignés d'obstacles susceptibles d'arrêter ou de dévier les ondes sonores ; aux S.R.O.T. des observatoires à vues étendues.

L'ensemble d'une S.R.S. et d'une S.R.O.T. constitue actuellement une *compagnie de repérage*. A la fin de la dernière guerre, il existait, sur le front français, 40 S.R.S. et 40 S.R.O.T.

Le S.R.A. des divisions (Voir plus loin).

Le service des renseignements des corps de troupe peut fournir au S.R.A. de corps d'armée d'utiles renseignements. A chaque échelon, il centralise les indications des observatoires qui dépendent de lui.

Son rôle est principalement de recueillir tous les renseignements sur les tirs de l'artillerie ennemie et sur les objectifs d'artillerie.

En outre, il peut fournir d'utiles indications au sujet des mouvements de l'ennemi dans le secteur.

Les comptes rendus doivent indiquer, bien entendu, le jour et l'heure de chaque observation ; puis, la direction de l'origine du tir, avec exactitude si on a pu repérer des lueurs ou des fumées de départ ; sinon, de façon approximative ; *l'objectif du tir ; le genre de tir* (barrage, réglage, harcèlement, etc.) ; *le nombre de coups* ; enfin, autant que possible, le *calibre*.

Ces renseignements sont très importants ; ils peuvent contribuer au repérage de nouvelles batteries, et permettent de suivre l'activité des batteries déjà connues. Les renseignements relatifs au genre de tir permettent de déterminer, pour les diverses batteries repérées, les objectifs habituels de chacune, et par suite leurs missions. On peut donc connaître la constitution des groupements de l'artillerie ennemie, et notamment ses batteries de barrage ; en un mot, son plan d'emploi.

La connaissance des *calibres* peut donner des indications utiles : un changement de calibre pour une position déjà connue peut faire soupçonner, soit une relève, soit une modification dans les intentions de l'ennemi. Cette connaissance est difficile à obtenir par l'observation des éclatements ; le seul procédé sûr est l'examen des débris de projectiles ou des fusées, qui, en outre, peut permettre d'identifier un nouveau calibre ou une nouvelle munition.

C'est aux S.R.A. des corps de troupe qu'incombe le ramassage de ces débris, et leur envoi au S.R.A. du corps d'armée.

Renseignements communiqués par le 2e bureau.

Ils peuvent provenir :

1° *Des corps de troupe d'infanterie*, qui peuvent fournir parfois des renseignements intéressants sur l'activité de l'artillerie ennemie.

2° *Des interrogatoires de prisonniers.* Bien souvent, des prisonniers ont pu indiquer en même temps que des itinéraires de relève, des batteries situées sur ces itinéraires.

Si le prisonnier est un artilleur, il pourra, comme le cas s'est produit, indiquer avec plus de précision certaines positions de batteries et faire connaître leurs missions.

Il serait utile qu'un officier du S.R.A. assistât aux interrogatoires de prisonniers.

3° *Des divers documents capturés.*

4° *Des écoutes (téléphoniques, T.P.S., T.S.F., radiogoniométriques).* L'écoute téléphonique, en particulier, donne surtout des renseignements d'artillerie. Elle a fréquemment permis de déterminer l'ordre de bataille de l'artillerie ennemie, les emplacements des observatoires, et parfois mêmes des batteries.

Enfin, l'écoute radiogoniométrique, qui permet de repérer les postes ennemis, fait souvent connaître les emplacements des P. C. et l'organisation des groupements.

5° *Du service de renseignements de l'aéronautique* qui est pour le S. R. A. un collaborateur précieux.

Les renseignements peuvent provenir : soit de l'observation directe, en ballon ou en avion, soit de l'étude des photographies aériennes.

L'observation en ballon, sur un front stabilisé, peut donner des résultats importants ; l'observateur acquiert en effet dans ce cas une connaissance parfaite du secteur et, de plus, par sa permanence et par la sûreté de ses communications, le ballon est d'un emploi aussi aisé que l'observation terrestre. Il n'est arrêté que par le brouillard ou par un vent violent.

L'observation en avion, est très précise, mais difficile ; son emploi est limité par la faible durée de vol des appareils ; de plus, cette observation est discontinue et elle n'est praticable que par certaines conditions atmosphériques.

La photo aérienne permet de fixer l'observation fugitive de l'avion et d'en faire ultérieurement une étude détaillée.

En principe, tout renseignement du S. R. A. doit être contrôlé par la photographie aérienne ; le S. R. A. demandera donc à l'aéronautique d'exécuter certaines missions photographiques ; l'officier du S.R.A. devra ensuite étudier minutieusement les épreuves obtenues, ce qui est un travail très délicat.

L'INTERPRÉTATION DU RENSEIGNEMENT

Les sources que nous venons de passer en revue procurent au S. R. A. un très grand nombre de renseignements. Ils sont, bien entendu, de valeur très inégale. Il s'agit d'abord de se faire une idée sur la valeur propre de chacun, puis de les interpréter.

L'opération essentielle de l'interprétation est le *recoupement*. Il consiste à contrôler l'une par l'autre les diverses sources de renseignement. Si plusieurs sources entièrement différentes ont donné un même renseignement, celui-ci peut être considéré comme certain.

Nous allons donner un exemple bien typique, emprunté à l'histoire de la dernière guerre.

En mai 1916, une S.R.S. signale, à plusieurs reprises et de façon très affirmative, une batterie d'obusiers de 15 centimètres, située le long d'une piste très fréquentée.

Les photos aériennes, par contre, ne révélèrent aucun emplacement au point désigné.

Mais peu après, un avion pouvait, dans cette région, observer des coups de départ. C'était une première confirmation du résultat de la S. R. S.

L'étude des photographies fut reprise sur des épreuves anciennes; l'une d'elles, datant de novembre 1915, fit voir le long de la piste 4 emplacements en construction. Le renseignement pouvait dès lors être considéré comme certain. La batterie avait été parfaitement camouflée et, grâce au voisinage de la piste, elle n'avait pas été décelée par de nouvelles traces de circulation.

Les renseignements, une fois triés et recoupés, sont rassemblés sous forme de tableaux, graphiques ou cartes. Ces documents permettent de se rendre compte, par un simple examen, de la situation de l'artillerie ennemie ; par comparaison des documents successifs, on peut se faire une idée des changements.

La connaissance de la situation de l'artillerie ennemie, ainsi que celle des modifications successives, permettront souvent de deviner les intentions de l'ennemi, surtout par recoupement avec des indices signalés par les autres services.

A ce degré, l'interprétation doit être faite en collaboration, par les différents services, au cours de leur réunion quotidienne.

LA DIFFUSION DU RENSEIGNEMENT

Nous avons vu que le S.R.A. doit :

Renseigner le commandement.

Renseigner les exécutants.

Au commandement, il communique, sous une forme synthétique, les renseignements qu'il a pu recueillir sur l'artillerie ennemie au point de vue de son organisation et de son activité ; il signale au fur et à mesure les modifications qui surviennent.

En outre, il fait connaître au commandement les renseignements qu'il reçoit sur les effets de notre tir.

Aux exécutants, il fait connaître les objectifs d'artillerie (contre batterie et interdictions) au moyen de certains documents (1) ;

Des listes de batteries repérées (périodiquement mises à jour).

Des bulletins de renseignements, quotidiens en principe, qui font connaître au fur et à mesure les nouvelles batteries repérées, signalent l'activité de de celles déjà connues, et indiquent autant que possible les résultats obtenus par notre artillerie (Voir en annexe un bulletin de renseignements de la dernière guerre).

Des cartes d'objectifs où sont figurés par des signes conventionnels les batteries repérées, avec leur principaux objectifs, les points sensibles, routes et pistes fréquentées, dépôts de munitions, etc.

Des cartes des zones battues par l'artillerie ennemie, destinées principalement aux unités entrant en ligne, et à laisser sur place, en cas de relève, comme documents de secteur.

Tous ces documents sont distribués jusqu'aux commandants de batteries inclusivement.

Les renseignements sont en principe envoyés après recoupement et interprétation. Toutefois, il y a des cas où il est nécessaire d'exploiter d'urgence le renseignement ; en particulier, en cas d'attaque ennemie. Le chef du S. R. A. doit savoir en prendre l'initiative ; il lui appartient alors de notifier immédiatement aux exécutants un renseignement, même douteux, quitte à le contrôler et à l'interpréter ensuite.

Résultats obtenus par le S. R. A.

Telle est l'organisation du S. R. A. de corps d'armée en période stabilisée ; il semble que dans une pareille situation elle doive donner toutes satisfactions. Les moyens de transmissions et les procédés techniques pourront et devront être perfectionnés, mais le principe paraît bien établi. Il résulte du reste de l'expérience prolongée de la guerre 1914-1918. Les résultats obtenus méritent d'ailleurs d'être

---

(1) Tous ces documents doivent être obligatoirement soumis au 2ᵉ Bureau, et sortent sous le double timbre : 2ᵉ Bureau et S. R. A.

signalés. Bien souvent en 1917 et 1918 à la suite d'avances, on a pu vérifier sur le terrain l'exactitude des renseignements du S. R. A.

En 1917, le S. R. A. du 11e Corps avait signalé 28 batteries dans la région de Roye.

Sur ces 28 batteries, 27 étaient exactes, une était connue à 100 mètres près ; enfin on trouva 2 batteries particulièrement bien dissimulées qui avaient échappé aux recherches.

Lors de l'attaque de la Malmaison, en octobre 1917, sur 90 batteries ennemies trouvées après l'avance, 7 seulement n'avaient pas été repérées et cela malgré les difficultés du terrain très boisé et échappant à peu près complètement à l'observation terrestre.

Il est à remarquer que les Allemands eux-mêmes ont à plusieurs reprises reconnu la précision de notre S. R. A. l'exactitude des renseignements portés sur nos plans directeurs et l'efficacité de notre contre-batterie.

Le S. R. A. de Corps d'Armée au corps d'opérations actives

Le S. R. A. tel que nous l'avons décrit suppose des installations soignées et des communications sûres. Dans les guerres de mouvement, telles qu'on les concevait aux xixe siècle, il ne répondrait à aucune utilité. Les rares objectifs qui se présenteraient seraient découverts par les corps de troupe ou les observateurs aériens, et le renseignement exploité, séance tenante, sans autre vérification. Il n'y aurait pas lieu de constituer un S. R. A. distinct du service général des renseignements. Mais en l'état actuel une guerre de mouvement présentera forcément des périodes de stabilisation plus ou moins longues précédant des offensives d'ensemble et alternant avec des périodes de progression plus ou moins rapide. La préparation des attaques d'ensemble demandera un délai de quelques jours, ne serait-ce que pour la mise en place de l'artillerie et de ses munitions. Ces temps d'arrêt seront utilisés pour l'installation des sections de repérage et la mise en place des S. R. A.

Les sections, pour s'installer complètement, ont besoin de 24 heures environ, au cours d'une avance. Néammoins, elles pourront se dédoubler en demi-sections qui s'installeront sommairement, en quelques heures, et serviront à surveiller le champ de bataille. Au début, la précision sera moindre. Bien entendu, on améliorera les installations progressivement, jusqu'à assurer le rendement maximum. Les unités de repérage procéderont donc par bonds comme l'ensemble de l'artillerie.

Mais dans un pareil cas, les transmissions, installées rapidement, auront peut-être un rendement médiocre ; d'autre part, bien souvent, la diffusion rapide d'un renseignement même imparfaitement contrôlé, s'imposera de façon absolue.

L'instruction sur le fonctionnement du S. R. A. du 20 octobre 1916 n'a pas envisagé ce cas. Voici la solution proposée au centre d'études de Versailles par le Lieutenant-Colonel Apffel. Cette solution présente, l'avantage de permettre à la fois le recoupement et la diffusion rapide des renseignements.

1° En période d'opération actives, les missions du S.R.A., seront les mêmes qu'en position stabilisée.

2° Les organes de recherches du renseignement doivent, en première urgence, diffuser largement le renseignement qu'ils ont recueilli ; ce n'est qu'ensuite qu'ils le transmettent au S.R.A.

Les différents organes de recherches doivent donc se mettre en liaison avec le plus grand nombre possible de chefs d'artillerie. C'est au S.R.A. de répartir ces moyens entre les principaux groupements.

3° Le S. R. A. proprement dit (fig. 2).

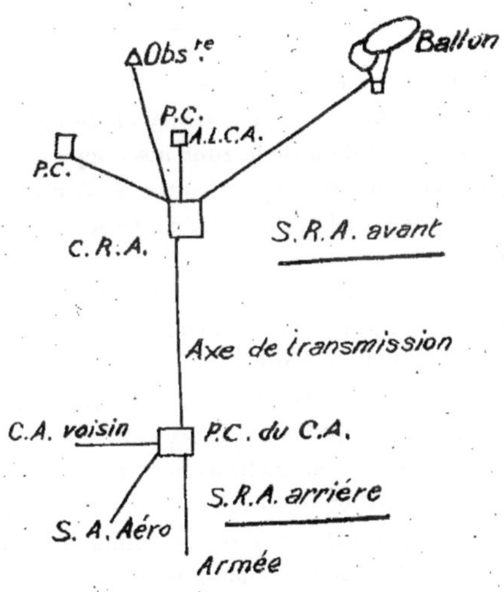

Fig. 2 — S. R. A. en période d'opérations actives

On sait que dès le début de l'engagement, le corps d'armée organise un *centre de renseignements avancé*. A ce centre va se juxtaposer une fraction du S.R.A., sous les ordres de l'Officier chef du S.R.A. Ce sera *le S.R.A. avant*.

Il a pour mission de recevoir les renseignements venant de l'avant' et de les transmettre aux exécutants (par téléphone, T.S.F., motocyclistes, etc,),

Il est en liaison sur place avec les éléments du 2ᵉ bureau détachés au centre avancé.

Il se relie : *au P. C. de l'artillerie lourde du C. A.,*

aux P. C. des divisions (et des A. D.)

aux organes de recherches dont il dispose (sections de repérage, ballon du corps d'armée, etc.). Enfin, il est relié, par l'axe de transmission, avec une 2ᵉ *fraction*, constituant *le S. R. A. arrière* au P. C. du corps d'armée sous les ordres de l'officier-adjoint.

Le S. R. A. arrière centralise tous les renseignements venant de l'arrière (aéronautique, armée, corps d'armée voisins) et les transmet au S. R. A. *avant*, qui peut en assurer rapidement l'interprétation et la diffusion.

L'organisation peut se déplacer par bonds, en même temps que le centre avancé ; si la situation se stabilise, rien ne sera plus facile que de regrouper les deux S. R. A. et de reprendre le fonctionnement normal.

Le S. R. A. d'Armée

Le S. R. A. d'armée est chargé de la centralisation des renseignements provenant des S.R.A. de corps d'armée et de la recherche des objectifs éloignés, situés au-delà de la zone des corps d'armée. Il renseigne le commandement sur tout ce qui concerne l'artillerie ennemie devant le front de l'armée. Enfin, il exerce la direction technique des S.R.A. de corps d'armée.

Il travaille en liaison étroite avec le 2ᵉ bureau de l'armée, avec l'Aéronautique d'armée, et avec le groupe de canevas de tir.

Grâce à la puissance et l'ampleur de ses moyens d'investigation, il peut obtenir des renseignements nombreux et sûrs ; toutefois, il ne peut en assurer la diffusion rapide aux exécutants.

En particulier, en période d'opérations actives, il ne pourra guère qu'étudier les objectifs d'artillerie éloignés, diriger les S R A. de corps d'armée et assurer leur ravitaillement en personnel et matériel technique, enfin centraliser rapidement les renseignements des corps d'armée, de manière à présenter au commandement une synthèse de l'artillerie ennemie sur le front de l'armée. Rappelons que les S.R.S. et les S.R.O.T. *ne sont pas des éléments organiques des corps d'armée.* Le S.R.A. d'armée les place en période de stabilisation sur le terrain, d'après les conditions techniques, sur l'ensemble du front de l'armée, sans tenir strictement compte des zones des grandes unités, puis il les met à la disposition des S.R.A. de corps d'armée. En période stabilisée, le S.R.A. d'armée publie périodiquement la liste des batteries repérées sur le front de l'armée.

Les Compagnies de repérage

Fonctionnement des S. R. S. et des S. R. O. T.

Nous avons vu que l'ensemble d'une S.R.S. et d'une S.R.O.T. cons-
tituait une *compagnie de repérage*. Cette organisation est nouvelle ;
pendant la guerre, les sections de recherche de renseignements étaient
autonomes.

Dans la Compagnie de repérage, chaque section procède pour son
compte à la recherche des objectifs, sous l'autorité du Capitaine Commandant la compagnie.

Méthode employée par les S. R. S. (fig. 3).

Soit P une bouche à feu qui vient de tirer ; désignons par a la
vitesse du son ; appelons d_1, et d_2 les distances de P à deux postes A et
B susceptibles d'enregistrer l'arrivée du bruit du départ du coup.

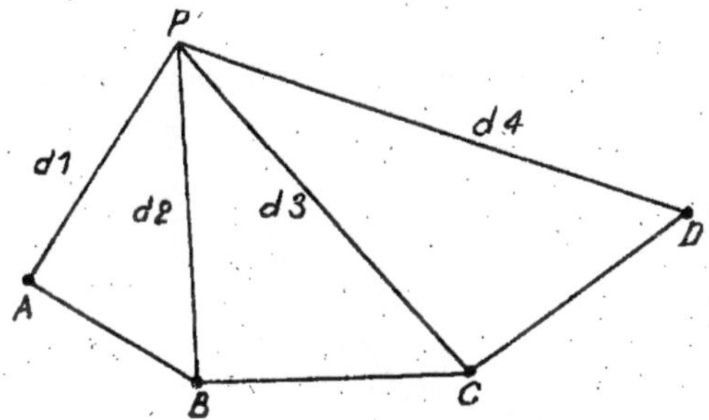

Fig. 3 — *Principe de la méthode des S. R. S.*

Pour aller de P en A, le son met un temps $t_1, = \dfrac{d,}{a}$

Pour aller de P en B, il met un temps $t_2 = \dfrac{d_2}{a}$ d'où l'on déduit :

$$d_1 = a\,t_1 \quad d_2 = a\,t_2 \text{ et } d_1 - d_2 = a\,(t_1 - t_2)$$

Supposons que l'arrivée du son en A et en B soit marquée par
l'émission de signaux électriques enregistrés à un poste central O.

On peut noter l'instant d'arrivée de chacun de ces signaux, et par
suite connaître $t_1 - t_2$, donc $d_1 - d_2$, d'après l'égalité écrite plus haut.

Ceci ne suffit pas pour définir le point P ; mais on voit que la
différence des distances de ce point à deux points fixes A et B est
égale à une quantité connue, $a\,(t_1 - t_2)$. Géométriquement, ceci
veut dire que le point P est situé sur une *hyperbole* ayant pour foyer

7

les points A et B et pour axe transverse a (t_1 — t_2). Appelons H_1 cette hyperbole.

Si l'on dispose d'un 3e poste C, tel que le son mette un temps t_3 pour aller de P en C, et, par conséquent, situé à une distance d_3 de C, donnée par la formule $d_3 = a\, t_3$; en associant les postes B et C, on trouve :

$$d_2 — d_3 = a\,(t_2 — t_3)$$

et le point P se trouve donc sur une hyperbole H_2, ayant pour foyers B et C, et pour axe transverse a (t_2 — t_3).

Le point P est donc défini par l'intersection de ces deux hyperboles.

En réalité, on utilise un 4e poste D, qui, associé au poste C, donnerait une 3e hyperbole. Si la mesure est très exacte, ces 3 hyperboles doivent se couper en un même point ; sinon, on a un chapeau plus ou moins grand, qui renseigne sur la précision réalisée.

Il est difficile de tracer exactement des hyperboles ; on s'en dispense pratiquement, en remarquant que la courbe est comprise entre deux lignes droites, appelées *asymptotes*, dont elle se rapproche indéfiniment à mesure qu'on s'éloigne du centre de la courbe (fig. 4).

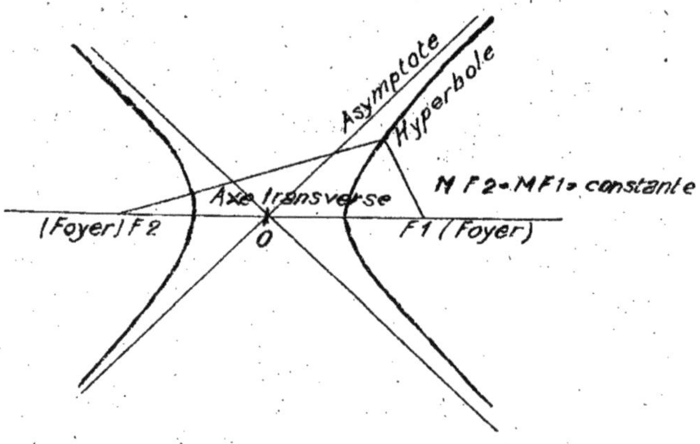

Fig. 4 — *Hyperbole et ses asymptotes*

On peut donc, comme première approximation, remplacer les hyperboles par leurs asymptotes, puis au moyen d'une construction géométrique, on peut tracer un petit élément de chacune des courbes dans le voisinage du point d'intersection. C'est ce qu'on appelle la correction d'hyperboles (fig. 5).

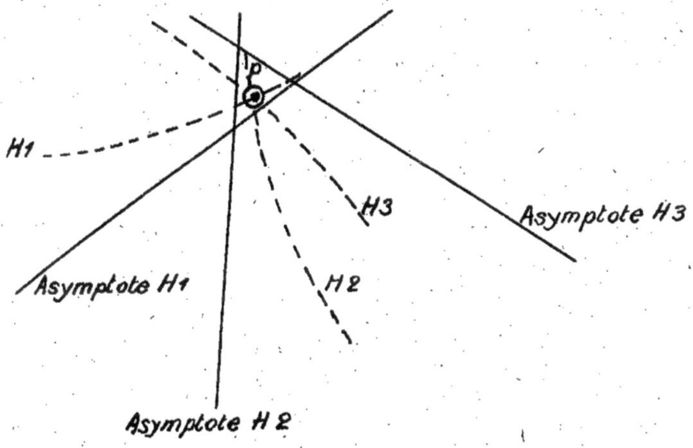

Fig. 5. — *Correction d'hyperboles*

DESCRIPTION SOMMAIRE DES APPAREILS

A) **Poste** (fig. 6). — Le poste de S. R. S. se compose de deux appareils :

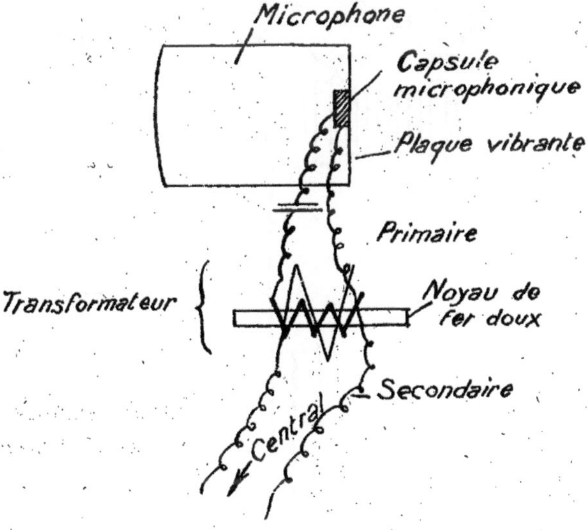

Fig. 6 — *Poste de S. R. S.*

1° *Un microphone*, qui est constitué par un réservoir assez vaste, fermé par une plaque vibrante. Au contact de cette dernière, se trouve une *capsule microphonique*, analogue à celle employée dans les téléphones, et parcourue par le courant d'une pile.

2° *Un transformateur*, dont le primaire est relié au microphone' Tant qu'aucune onde sonore ne parvient à l'appareil, l'intensité du courant traversant le microphone reste constante et, par suite, il ne passe aucun courant dans le secondaire. Au contraire, quand une onde sonore impressionne le microphone, le courant varie dans le primaire et, par suite, un courant apparaît dans le secondaire.

Le secondaire est relié au central.

B) **Central.** — Le secondaire du poste est relié à un petit électro-aimant (situé au central), en face duquel se trouve un petit levier' muni d'une palette. Il est maintenu dans sa position par de petits ressorts. L'extrémité du levier porte un style qui peut appuyer sur une bande enduite de noir de fumée ; cette dernière est déroulée à une vitesse constante de 2 centimètres à la seconde, grâce à un mouvement d'horlogerie. L'ensemble de l'électro-aimant et du levier est appelé oscillographe (fig. 7).

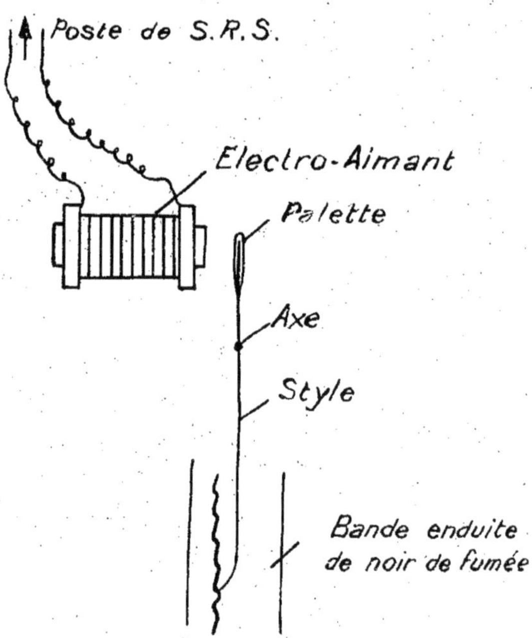

Fig. 7 — *Oscillographe*

Tant qu'aucun courant ne parcourt le secondaire, le levier de l'oscillographe reste immobile ; le style trace une ligne droite. Mais, dès qu'il se produit un courant dans le secondaire, la palette est attirée ; elle revient en place quand le courant cesse, et ainsi de suite. La ligne tracée est alors ondulée.

Le poste central comprend essentiellement 4 oscillographes, reliés respectivement aux 4 postes microphoniques, et dont les styles appuient sur la même bande noircie. Dès qu'une onde arrive à un poste, l'oscillographe correspondant trace un signal ; il suffirait donc en principe, pour mesurer les différences ($t_1 - t_2$), $t_2 - t_3$), etc,, de mesurer la longueur de bande qui sépare ces signaux.

En divisant par la vitesse de déroulement, on aurait les différences cherchées. Pour simplifier, un appareil inscrit directement sur la bande les indications d'un compteur donnant le 1/10 de seconde ; la mesure se réduit à une simple lecture.

Deux causes d'erreur sont à éliminer ; d'abord, la vitesse du son dépend de la température suivant une loi que l'on connaît. Il faut en tenir compte.

En second lieu, le vent déplace les ondes sonores d'une quantité qui dépend de sa vitesse. On dispose, au central, d'un anémomètre, qui permet de faire une correction.

Le vent n'étant pas en général le même en tous les points situés entre les postes et la source sonore, on voit que cette correction n'est qu'approximative. Si le vent dépasse 5 ou 6 mètres à la seconde, la S. R. S. ne peut fonctionner.

L'ensemble des mesures et des constructions ne prend guère plus de 5 à 10 minutes ; si les circonstances sont favorables, l'erreur sur la position de la pièce ennemie ne dépasse pas une vingtaine de mètres.

Méthode employée par les S. R. O. T.

Les S. R. O. T. déterminent les objectifs par la méthode topographique de l'intersection.

Une section comporte un certain nombre de postes d'observation, trois en principe, dont la position a été déterminée aussi exactement que possible. Ces postes sont pourvus d'appareils de visée (lunette monoculaire à prismes type X, lunette binoculaire...) dont le zéro a reçu une orientation connue, en général le Nord Lambert.

Si un objectif (lueur, fumée...) apparaît dans la zone surveillée, chaque observateur dirige sur cet objectif l'axe de son instrument, de façon à en déterminer la direction (le gisement).

Au poste central, on dispose d'une planchette sur laquelle sont reportés les observatoires. Chacun annonce la valeur du gisement qu'il a mesuré ; on peut, dès lors, tracer trois directions qui doivent se rencontrer au point cherché Si les mesures ont été bien faites, il n'y aura pas de « chapeau ». C'est relativement aisé quand l'objectif visé est de faible étendue (fumée, flamme d'un coup de canon...). C'est plus difficile quand on doit se diriger sur le centre d'une lueur.

Il n'y a pas de correction à faire, mais il importe de s'assurer que les observateurs ont bien pointé sur le même objectif. Pour cela, le poste central est pourvu d'un central téléphonique, permettant de correspondre à la fois avec tous les postes ; en outre, au moment de l'observation, chaque observateur appuie sur un top qui éclaire une petite lampe au central. On peut ainsi contrôler le synchronisme des mesures, ce qui donne la certitude morale qu'elles s'appliquent bien au même objectif, si le chapeau est nul. Les mesures faites au poste central prennent tout au plus 1 ou 2 minutes. La précision obtenue dépend surtout de l'exactitude de la détermination des postes et de l'orientation des appareils de visée ; nous avons vu aussi qu'elle pouvait dépendre de la nature des objectifs.

Les renseignements sont transmis par les S.R.S. et S.R.O.T. au central de la compagnie de repérage, qui les fait parvenir au S. R. A. et, en cas d'urgence, aux exécutants, c'est-à-dire aux groupements d'artillerie qui pourront les exploiter aussitôt.

En outre, la compagnie envoie au S.R.A. un rapport journalier.

Les compagnies de repérage appartiennent à la première subdivision de la réserve générale d'artillerie.

Nous avons vu qu'elles sont détachées aux armées, à raison d'une par corps d'armée. Le rôle du commandant de compagnie est de centraliser les renseignements de ses deux sections et, dans certains cas, de les contrôler les uns par les autres. Il peut, par exemple, demander à la S.O.R.T. de chercher à recouper une batterie repérée au son, ce qui augmente la valeur du renseignement.

Les renseignements des deux sections ne font d'ailleurs pas double emploi. Ils se contrôlent et se complètent ; ainsi certaines batteries tirant à faible charge sont sans action sur les postes des S.R.S. C'est notamment, le cas des batteries d'obusier tirant d'assez loin ; à titre d'indication, le 75, tirant à charge réduite, n'est pas entendu par un poste de S.R.S. situé à 3 kilomètres. Mais, par contre, les batteries d'obusiers qui ne donnent, pour ainsi dire, pas de lueurs, donnent, en général, de minces fumées très visibles et se prêtant bien au repérage précis par S.R.O.T. D'autre part, certaines batteries très bien défilées, tirant par coups isolés, pourront échapper aux S.R.O.T. et parfois même à l'observation aérienne, mais non aux S.R.S. Ce fut le cas à la Malmaison où, sur 90 batteries, 57 furent repérées par les S.R.S., dont

49 à moins de 50 mètres, malgré un terrain très boisé. On ne doit donc jamais scinder une compagnie de repérage, c'est-à-dire donner la S.R.S. à un corps d'armée, la S.R.O.T. à un autre, ni même leur attribuer des zones différentes de terrain à surveiller.

Les postes, tant de S.R.S. que de S.R.O.T., doivent être, en principe, placés sur une ligne parallèle au front et espacés, en moyenne, de 2 km. pour les S.R.S. ; de 2 km. 500 à 3 km. pour les S.R.O.T. L'ensemble de la section peut surveiller normalement un front de 7 à 8 km.; dans un secteur calme, on pourra aller jusqu'à 10 km. ; si le secteur est actif, on ne devra guère dépasser 5 à 6 km. On voit que ces chiffres correspondent à peu près au front d'un corps d'armée.

Les sections de repérage peuvent être utilisées par les unités d'artillerie pour des réglages. De même qu'elles peuvent repérer une pièce par ses lueurs ou ses fumées (S.R.O.T.), ou par le bruit du coup (S.R.S.) de même elles peuvent déterminer la position d'un point de chute par le bruit ou la fumée de l'éclatement. Elles pourront donc faire connaître rapidement avec précision la position du point moyen d'une série de coups par rapport à l'objectif. On appliquera, bien entendu, la méthode de réglage basée sur la connaissance de la grandeur des écarts.

Signalons, pour terminer, une application des S.R.S. à l'exécution des sondages aérologiques par temps brumeux. On sait que l'opération du sondage consiste à lancer un ballonnet de vitesse ascensionnelle constante et bien connue (100 ou 200 mètres à la minute suivant les modèles) et à déterminer, par des visées, sa position de minute en minute, d'où l'on déduit la direction et la vitesse du vent dans chaque tranche. Or, la méthode est en défaut par temps de brume. On peut alors attacher au ballon une mèche lente, à laquelle sont fixés de place en place des pétards, disposés de façon à éclater successivement à intervalles réguliers. La S.R.S. peut situer les éclatements ; elle remplace ainsi la visée directe au théodolite.

Déplacement d'une Compagnie de repérage
en périodes d'opérations actives

Nous avons vu qu'une S.R.S., a besoin, normalement, de 4 postes : une S.R.O.T., de 3. Ce sont les dotations de ces formations ; en outre, elles disposent d'une petite réserve de personnel et de quelques appareils de rechange, leur permettant de constituer éventuellement un poste supplémentaire.

En temps normal, il faut 24 heures environ pour assurer le fonctionnement complet d'une section. Ce temps est nécessaire pour l'organisation des postes et observatoires, des communications, des centraux ; la détermination topographique exacte des postes de S.R.S. et des observatoires de S.R.O.T. ; la mise en direction rigoureuse des appareils de visée.

En période active, il faut aller vite pour assurer la continuité de la surveillance du terrain, même au détriment de la précision. Or, nous avons vu qu'à la rigueur on peut se contenter de 2 observations de S.R.O.T. ou de 3 observations de S.R.S (2 hyperboles), pour déterminer un objectif ; mais alors on n'a pas de vérification. On peut, par conséquent, dès le début de l'opération, constituer le poste supplémentaire dont nous avons parlé ci-dessus. On aura alors 4 postes S.R.O.T. et 5 postes S.R.S. La S.R.O.T. peut donc être constituée en 2 demi-sections qui se déplacent par échelons, de façon qu'une des demi-sections soit toujours installée pendant que l'autre se déplace.

Pour la S.R.S., on se contentera d'installer 3 postes dont un aura été avancé le plus possible. Au bout d'un certain temps, on installe plus en avant les 2 postes disponibles, qui, associés au poste avancé de la première installation, permettront de continuer la surveillance.

On déplacera alors les 2 postes les plus en arrière, et ainsi de suite.

Si, pour une raison quelconque, la situation se stabilise, même temporairement, on peut repasser au fonctionnement normal.

Le S. R. A. Divisionnaire

Il existe à l'artillerie divisionnaire un S.R.A. analogue au S. R. A. de corps d'armée, ayant vis-à-vis du commandant de la division et des troupes d'artillerie les mêmes attributions que le S.R.A. dans le cadre du corps d'armée.

Un officier observateur est chargé de ce service ; il est assisté de 2 sous-officiers observateurs adjoints.

Il n'a pas sous ses ordres d'organes spéciaux de repérage, mais les recoupements des indications des observatoires peuvent, dans une certaine mesure, remplacer les repérages par S.R.O.T.

Il est en liaison avec l'officier de renseignements de la division ; avec la section topographique de la division ; avec le ballon divisionnaire (éventuellement, avec l'escadrille) ; enfin, il reçoit tous les renseignements recueillis par les corps de troupe (groupements).

La lutte d'artillerie ne rentre pas, en général, dans les attributions de l'A.D. ; aussi n'aura-t-il pas normalement à assurer une interprétation rapide et une diffusion immédiate des renseignements ; toutefois, le fait pourra se produire dans certains cas urgents. On sait que la contre-batterie peut, en effet, figurer parmi les missions éventuelles de certains groupements de l'A.D. En outre, la contre-batterie deviendra une mission normale pour l'A. D. d'une division isolée.

Le chef du S.R.A. divisionnaire sera un collaborateur précieux pour le S.R.A. de corps d'armée à qui il pourra fournir de nombreux renseignements, avec souvent un commencement de recoupements et d'interprétation. En période active, il pourra parfois être relié directement aux unités de repérage et à certains groupements d'artillerie de corps d'armée de façon à permettre, le cas échéant, une exploitation plus rapide des renseignements.

Le S.R.A. du commandement de l'A.L. de corps d'armée est analogue à un S.R.A. divisionnaire, avec cette différence importante que l'A.L. de corps d'armée, à l'inverse de l'A.D., est normalement chargée de la contre-batterie et l'interdiction lointaine.

Le service des renseignements dans les corps de troupe d'artillerie

Le rôle du S.R.A. des corps de troupe est de recueillir le plus de renseignements possible sur l'activité de l'artillerie ennemie. Ces renseignements sont fournis à peu près tous par l'observation. Ils consistent le plus souvent dans l'énumération des tirs constatés, avec indication de l'heure, du nombre de coups, du genre de tir, de l'origine approximative du tir et du calibre, avec, si possible, envoi de fragments de projectiles.

Parfois, certains observatoires peuvent repérer des lueurs ou des fumées ; si l'on dispose d'un bon réseau de tir, on peut recouper les indications de plusieurs observatoires et obtenir une première approximation de ces objectifs. Ceci pourra servir en cas d'opérations actives quand l'ouverture du feu aura dû être laissée à l'initiative des chefs de groupes ou de groupements.

Il est assez rare qu'on puisse ainsi repérer avec précision de nouvelles batteries ; on peut, en particulier, difficilement s'assurer que des observations *à peu près* simultanées se rapportent bien au même objectif. Mais, par contre, on pourra fréquemment contrôler ainsi l'activité des batteries ennemies déjà connues, surtout sur une position stabilisée, où les observateurs peuvent arriver à une connaissance parfaite de leur secteur.

Le S.R.A. occupe, à l'Etat-Major du régiment, un officier, aidé par les équipes de liaison et d'observation. (Rappelons que l'Etat-Major de régiment deviendra, au combat, un Etat-Major de groupement). Au groupe, le service des renseignements est assuré par le lieutenant orienteur.

La principale source de renseignements au groupement et au groupe est donc l'observation dont nous allons parler plus en détail; la liaison avec l'infanterie procure rarement des renseignements d'artillerie intéressants ; on sait combien il est difficile de déterminer la direction ou le calibre d'une batterie qui vous bombarde, et même le nombre de coups.

D'autre part, dans l'enregistrement des tirs ennemis, il est à craindre que certains soient comptés deux ou plusieurs fois, alors que d'autres seraient omis. Néanmoins, les indications de l'infanterie peuvent parfois donner des recoupements ou attirer l'attention sur un point du champ de bataille.

L'observation dans l'artillerie

Le rôle de l'observation dans l'artillerie est double :

1° Assurer la détermination des objectifs et la surveillance du champ de bataille.

2° Assurer l'exécution des missions de tir.

D'après leur mission principale, les observatoires se classeront en :

Observatoires de renseignements.
Observatoires de commandement.
Observatoires de tir.

Les premiers sont les observatoires des S.R.O.T., choisis essentiellement en vue de la recherche du renseignement. Ils ont, non seulement à repérer les batteries ennemies, mais encore à déterminer les autres objectifs qui se révèlent à eux et notamment à surveiller la circulation ennemie. Ils sont donc établis en des points dominants, possédant des vues très étendues.

Les *observatoires de commandement* sont les observatoires des A.D., des A.L. de Corps d'Armée, des groupements.

Leur mission principale est de surveiller le champ de bataille et de contrôler l'activité de notre artillerie.

Ils doivent avoir autant que possible de bonnes vues sur le secteur qui leur est assigné. D'autre part, ils doivent être pourvus de bonnes communications avec le chef d'artillerie dont ils dépendent.

Ils sont, dans une certaine mesure, observatoires de renseignements.

Les *observatoires de tir* sont destinés plus spécialement au réglage ; ce sont les observatoires des batteries. Ils doivent avoir de bonnes vues dans la région des objectifs, ou tout au moins des buts auxiliaires.

Les observatoires des groupes sont intermédiaires entre les observatoires de commandement et les observatoires de tir.

Mais s'il est possible, dans un secteur complètement organisé, d'établir des observatoires distincts pour l'exécution de ces diverses missions, il faut bien se convaincre que la spécialisation des observatoires n'est jamais absolue. Le concours des observatoires de renseignements ou de commandement peut être demandé pour certains réglages. Nous avons vu notamment qu'on pouvait utiliser parfois les S.R.O.T. pour le réglage.

Inversement, les observateurs ayant reçu une mission de tir ne doivent jamais se désintéresser de la recherche du renseignement. Tout observateur d'artillerie doit se considérer comme appartenant au S.R.A. et transmettre à son chef tous les renseignements qu'il recueille, même s'il n'est pas en mesure de les exploiter lui-même, ou s'il n'est pas suffisamment orienté sur la situation pour en apprécier l'intérêt.

De plus, bien souvent, notamment en cas d'opérations actives, certains observatoires peuvent servir à plusieurs échelons du commandement. C'est ainsi qu'on se contentera parfois d'un observatoire unique par groupe, l'un des observatoires des groupes pouvant être désigné comme observatoire de groupement.

L'observation est assurée, sous la direction des officiers, par un personnel spécialisé.

La batterie dispose d'un sous-officier et de 2 canonniers observateurs.

L'Etat-Major du groupe est pourvu d'une équipe de *liaison et d'observation* comprenant : 2 officiers, 4 canonniers, et 10 sous-officiers dont certains sont spécialisés dans l'observation.

Le régiment d'artillerie légère ou lourde divisionnaire possède un officier de liaison, un officier observateur chargé du S. R. A., et une *équipe d'observation et de réglage*, qui comprend 2 sous-officiers, 3 brigadiers et 7 canonniers. Tout ce personnel est spécialisé dans l'observation, et peut constituer une *équipe télémétrique* de 2 postes.

L'équipe du régiment lourd de **Corps d'Armée** comprend 1 brigadier et 2 canonniers de plus.

Enfin, *l'A. D. et le commandement de l'A. L. de Corps d'Armée* ont 1 (A. L.) ou 2 (A. D.) observateurs en avion, détachés dans une escadrille, 1 officier observateur, chef du S. R. A. et 2 sous-officiers observateurs adjoints.

Le fonctionnement des observatoires de l'artillerie ne présente rien de particulier en dehors des missions de réglage ou de contrôle du tir.

Il importe avant tout de déterminer avec précision les coordonnées de l'observatoire et le gisement de sa direction-origine, à laquelle sont rapportées les mesures.

Puis, on établit un croquis panoramique coté, et une carte des parties vues et cachées.

Ensuite, on se livre à l'étude du terrain, et plus spécialement à l'étude des buts auxiliaires.

Le plan directeur, la carte des parties vues et cachées, le croquis panoramique, complétés par le *carnet d'observatoire*, constituent le dossier de l'observatoire.

Le carnet d'observatoire sert à consigner tous les renseignements relatifs à l'observatoire, ainsi que toutes les observations faites. *Sur la couverture* figurent la désignation de l'observatoire et ses coordonnées, et une note rappelant de détruire tout le dossier au cas où l'observatoire serait sur le point de tomber aux mains de l'ennemi.

Le carnet lui-même comprend 3 parties :

I. Renseignements d'ordre général.

A Consignes de l'observatoire (*camouflage, circulation, protection contre les gaz*).

B. Matériel de l'observatoire.

C. Transmissions.

Lignes téléphoniques (Schéma).

Transmissions optiques.

Autres moyens.

Liste par ordre d'urgence des postes à informer.

Observatoires voisins (emplacements, itinéraires pour s'y rendre... etc...).

II. Renseignements topographiques.

A. Coordonnées, altitude de l'observatoire.
Définition et gisements des directions-origines.

B. Points de repère principaux (définitions, coordonnées, croquis).

C. Objectifs principaux vus de l'observatoire (Coordonnées des buts auxiliaires correspondant, s'il y lieu).

III. Enregistrement des observations.

Nous ne parlerons pas ici de l'observation du tir ; rappelons sommairement les règles essentielles du fonctionnement de l'observatoire de renseignement.

1° L'observation doit être permanente, de jour, et même parfois de nuit. Il faut donc désigner un nombre suffisant d'observateurs, en principe 3 par poste.

2° La mission des observateurs est de :
— reconnaître et signaler tout objectif dès son apparition.
— identifier des détails de plus en plus nombreux du terrain ou des organisations ennemies.
— suivre les changements qui se produisent.
— transmettre sans retard les renseignements.
— tenir à jour le carnet d'observatoire.

3° Les renseignements sont transmis sous la forme suivante :
Observatoire X...
Telle heure, telle minute.
Telle direction (gisement).
Telle observation (batterie en action, travaux, troupe en marche).
Emplacement (coordonnées, si possible).
S'il s'agit d'un objectif mobile : *sens et vitesse du mouvement.*
— détails complémentaires, s'il y a lieu ; ainsi, pour une batterie en action, calibre, objectif, genre de tir.

Les moyens de défense contre le S. R. A. ennemi

L'exposé qui précède fait voir l'importance du S.R.A. Il est par suite bien évident qu'on doit s'efforcer de mettre en défaut les moyens de recherche de l'ennemi, soit par des *procédés de protection* (camouflage) soit par des ruses.

Moyens de protection.

On se protège contre l'observation terrestre au moyen du *défilement ;* un défilement suffisant permet de masquer les poussières et les fumées.

Les lueurs sont souvent le seul indice révélant les batteries aux observateurs terrestres. On a cherché à les éviter par différents procédés (sachets anti-lueurs, poudres spéciales à la centralite ou à la vaseline...). Mais la solution parfaite n'a pas encore été trouvée.

Contre l'observation acoustique il n'existe pas de vrai procédé de protection. Les Allemands ont souvent essayé de couvrir les ondes de bouche d'une batterie, par le tir d'une autre batterie, mais ce procédé ne paraît pas avoir été efficace. On ne pourrait obtenir de résultat qu'en faisant tirer à la fois un grand nombre de batteries.

Le seul moyen vraiment efficace d'éviter le repérage consiste à n'effectuer les tirs, quand cela est possible, qu'au moment où les conditions atmosphériques sont défavorables au repérage (temps chaud et clair, vent dépassant 5 à 6 mètres). Enfin, nous avons vu que l'emploi de charges réduites diminue les chances de repérage par le son.

Contre l'observation aérienne, photographie ou observation directe, on se protège par le camouflage.

Il est recommandé d'éviter l'alignement des pièces, la régularité des intervalles ; d'utiliser les ressources du terrain, bois, arbres, talus, pour dissimuler les pièces, les abris, les munitions ; de faire tous les travaux sous camouflage ; de tâcher de dissimuler les traces de souffle ; enfin, d'établir une discipline rigoureuse des pistes ; en particulier, réduire les pistes au minimum, et les prolonger bien au-delà de la batterie, jusqu'à un chemin par exemple.

Enfin, éviter de tirer au passage d'un avion, et faire abriter le personnel.

Contre l'interrogatoire des prisonniers en évitant le plus possible de placer les batteries sur des itinéraires de relève.

Ruses pour tromper le S. R. A.

Le procédé le plus simple est l'organisation de fausses batterie ; il n'est pas nécessaire de simuler très exactement le matériel, comme on l'a fait quelquefois ; il suffit d'esquisser des travaux (abris, boyaux), dont on change l'aspect ; de faire allumer du feu ou sécher du linge à proximité ; de faire entretenir les pistes : de simuler des traces de souffle ; de faire même exécuter des tirs, principalement de nuit, par une pièce détachée. On peut même, et la méthode a été employée par les Allemands, y faire partir des marrons à lueur (Zielfeuer), et des pétards assez forts pour simuler un départ (Kanonenschlage) ; en un mot, donner l'apparence de la vie à la fausse batterie.

Il faut, bien entendu, choisir les emplacements de façon à ne pas attirer le feu sur les troupes amies.

Un autre procédé très efficace consiste à multiplier les emplacements, et à les faire occuper par des pièces ou sections mobiles ; on peut même, dans ce cas, confier à ces pièces l'exécution des tirs journaliers, en laissant silencieux les emplacements de combat.

L'ennemi peut bien flairer la ruse, mais il lui est généralement impossible de discerner les vraies positions.

Signalons pour terminer qu'il importe également de dissimuler au S.R.A. ennemi les observatoires, les P.C., les échelons et les dépôts de munitions.

LE SERVICE DE RENSEIGNEMENTS

de l'Aéronautique

Les photographies aériennes - Leur interprétation

Leur restitution - Leur diffusion

SIXIÈME CONFÉRENCE

Le Service de Renseignements
de l'Aéronautique

Les Photographies aériennes - Leur interprétation
Leur restitution - Leur diffusion

1) Utilité de la photographie aérienne. — La dernière guerre a mis en évidence l'utilité de la photographie aérienne pour fournir au commandement des renseignements précis et complets sur l'ennemi.

D'une importance capitale dans la guerre de stabilisation où elle donnera son rendement maximum, elle jouera également un grand rôle dans la guerre de mouvement. Si parfois la marche rapide des événements devancera la photographie aérienne, elle sera néanmoins utilisée pour des reconnaissances profondes utiles au Haut Commandement. Elle évitera également les pertes importantes en indiquant les obstacles mis à notre avance et en donnant le moyen de les abattre ou de les tourner. La photographie aérienne fournira encore des vues obliques à basse altitude ; cette photo, véritable image du terrain, où seront indiqués tous les renseignements utiles au fantassin pourra être remise en aussi grand nombre que possible aux unités.

Le rôle des observateurs photographes est donc de la plus grande importance et l'on peut dire que pendant la dernière guerre ils rendirent des services inappréciables.

La photographie aérienne a été — et sera encore — les yeux de nos armées, comme l'avait été autrefois la cavalerie, mais yeux combien plus perçants et plus précis.

2) **Organisation de la photographie aérienne aux armées.** — L'uti lisation de la photographie aérienne pour lever le terrain est relativement ancienne puisque le Colonel *Laussedat* s'en servit en France en en 1845. Mais ses travaux tombèrent dans l'oubli et ne furent repris que plus tard, non pas en France, mais en Autriche, de sorte qu'en août 1914 les sections de photographies aériennes étaient organisées en Allemagne et qu'au contraire en France rien n'existait, ni personnel, ni matériel.

Ce fut seulement en octobre 1914 que le capitaine d'artillerie *Grout* eut l'idée d'aller photographier les batteries ennemies qui tiraient sur le fort de Douaumont. Les résultats qu'il obtint furent si probants que le G.Q.G. le chargea de mettre sur pied 10 sections de photographie aérienne, soit une par armée. Elles commencèrent à fonctionner le 1er décembre 1914 avec un personnel restreint (1 officier, 1 sous-officier et 2 photographes), et un matériel tout aussi restreint. Cette situation précaire dura d'ailleurs assez longtemps, l'arrière n'étant pas outillé pour fournir l'indispensable. Le premier problème que les sections eurent à résoudre fut l'établissement du Plan Directeur sur le front, notamment en Champagne. Le premier Plan Directeur parut en avril 1915 et était dû entièrement à la photographie aérienne.

Il fallut également unifier les doctrines de travail c'est dans ce but que l'on créa une Ecole de Photographes, des cours pour officiers photographes, des stages, enfin des réunions périodiques.

De ce travail en commun est sorti un matériel presque parfait et surtout des méthodes de travail que nous ennemis eux-mêmes ont reconnu *parfaites* à plusieurs reprises.

En 1918 les sections avaient pris une importance croissante et actuellement il existe :

1 Section d'Armée rattachée à l'E.M. de l'armée ; et une Section d'escadrille d'armée ;

1 Section par C.A. dont la mission est de photographier les premières lignes et la zône des batteries.

1 Section de division isolée ;

1 Section de groupe de bombardement à personnel restreint, prenant des photographies jusqu'à 100 kilomètres en arrière des lignes ennemies.

Ces sections disposent d'un matériel automobile comprenant en principe :

1 Camionnette ;

2 Camions ;

2 Remorques laboratoires et ateliers photographiques.

Le 25 juillet 1918.

BULLETIN DE RENSEIGNEMENTS

Batteries ennemies signalées en action

Date	Région	Matricule	Calibre	Nombre de pièce	Objectif	Source	Observation
24	Montigny	1447	?	»		Ballon 27	(1)
»	—	1744	c de 10	2		obs. II/114	21 direction
»	Cuisles...	1464 approx.	ob. 15	»	6ᵉ gr. 110ᵉ R. A. L.	A. D. 20	

(1) Batterie située dans une haie d'arbres le long d'un chemin de terre allant de Baslieux à Montigny.
Bien visible sur photo 43 de la S. P. A. 76 du 19 juillet 1918.

(2) Le long du chemin de terre partant de Montigny, qui contourne par le N.-O. le bois de Rodemat.
Visible sur photo A 14 de la S.P.A. 20 du 22 juillet 1918.
Contrebattue par l'A. L. 14. L'observatoire O 2 signale explosions dans la batterie et fuite des servants.

Activité de l'artillerie ennemie.

Légèrement plus active que les jours précédents, en particulier sur les villages de la Marne. Bombardement de Port-à-Binson de 21 h. 30 à 2 h. 30, calibre 15 et 105. Faible dans la région des batteries. En fin de soirée, 80 coups environ de 15, sur 6ᵉ groupe 110ᵉ R. A. L. Harcèlement sur région Mesnil-Hutier et Leuvrigny. D. C. A. légèrement plus active, dans la région de Dormans, vers 18 h. 30.

Circulation.

Dans la matinée : mouvements de voitures sur route Jonquery-Ville en Tardenois. Mouvements de troupes sur lisières ouest des bois de la Cohette, ainsi que sur routes Aougny Bois-Dormont et Aougny-Saint-Antoine.
Vers 17 h., circulation sur route Vézilly-Arcy le Ponsart.

Le Général Commandant l'A. 14

P.O. L'Officier chargé du S.R.A.

3) **Répartition, expédition. diffusion des photographies aériennes**
Tous les clichés sont *identifiés* et portent des indications qui permettent de les retrouver rapidement, ils ont tous un numéro d'ordre.

La carte schématique n° 1 ci-jointe représente une reproduction du P.D. nous y voyons en y les 2ᵉ positions françaises et zones des batteries, en x les premières lignes françaises puis la zone neutre.

A) les premières lignes ennemies.

B) les 2ᵉ positions et batteries.

C) zone battue par l'artillerie lourde.

D) zone intéressant l'A. L. G. P., l'A. L. F. V., les escadrilles.

Cette carte donne en plus notre « ordre de bataille » c'est-à-dire la répartition de nos troupes. Naturellement cette carte sera constamment tenue à jour.

La section auto fera faire, sur papier calque et à la même échelle, une carte sur laquelle sera représentée l'emprise de chacun des clichés sur le terrain à l'aide de petits rectangles.

Le sergent expéditionnaire n'aura donc qu'à superposer le papier calque à son ordre de bataille pour voir de suite que les clichés 426 à 431 et 441 à 450 couvrent les premières lignes ennemies A.

Les nᵒˢ 432 à 434 et 412 à 444 couvrent la zone des batteries B. etc...

Dans ces conditions il sera donc possible au Sergent expéditionnaire de distribuer les photographies aux intéressés. Il les remettra aux hommes de liaison qui les attendent. En période d'attaque, les épreuves sont mises en tubes lestés et jetées par avion sur les postes de commandement. Toutes les *opérations photographiques* sont faites en une moyenne de *deux ou trois heures* pour l'expédition de la première urgence et dans les *6 ou 8 heures* qui suivent pour la 2ᵉ urgence.

En période d'attaque, pour des vérifications de destruction, pour des jalonnements de lignes, toutes ces opérations peuvent être réduites à *45 minutes* pour un petit nombre d'épreuves et de clichés, bien entendu. En *45 ou 50 minutes* le cliché est développé, fixé, lavé, séché, identifié, 1 ou 2 épreuves sont tirées, elles sont étudiées, annotées et remportées par l'avion de liaison qui peut les jeter *quelques minutes après*, sur le poste de commandement intéressé.

La *distribution des photos* aux exécutants doit être faite par les soins de la section de photographie aérienne qui remet directement les photos aux liaisons. Ce système a été reconnu pendant la guerre le meilleur et surtout le plus rapide.

Il est essentiel de *diffuser le plus possible* le document photographique et les sections-photo doivent être en mesure de donner satisfaction immédiate à toute demande de photos.

La photographie aérienne doit être pour tous un instrument de travail. Plus elle descendra d'échelons hiérarchiques, plus elle rendra de services. Elle intéresse dans un régiment du *colonel au soldat*.

L'*étude* que permet la photo prend toute sa valeur lorsqu'elle est communiquée à chacun dans la mesure où elle lui est accessible.

L'officier doit être *familier* avec l'aspect photographique du terrain. Il pourra ainsi, sur les épreuves qui lui sont adressées, reporter la limite de sa progression, les obstacles devant lesquels il est arrêté momentanément et cela même pendant le combat, car, au cours de l'attaque, l'étude photographique continue. Tout ce travail demandera évidemment du sang-froid, de la patience, une intelligence critique. Il n'y en a pas de plus passionnant ni qui puisse épargner plus de vies humaines.

En résumé, le document photographique doit être :

1) Tiré à de nombreux exemplaires :

2) Connu même *du soldat* pour qui il est un document utile et *réconfort moral*.

3) Ne pas être considéré comme secret :

4) On doit l'étudier au point de vue des positions françaises et des positions ennemies :

5) Il doit servir *même* pendant la bataille.

4) **Des photographies aériennes en général.** — On utilise deux sortes de photographies : la *photo verticale* (ou zénithale), et la *photo inclinée* (ou oblique).

Dans la première, le plan du cliché est parallèle au sol ; dans la seconde, le plan du cliché fait un angle avec le sol. Cet angle est variable, mais pratiquement, il est compris entre 0 et 30°.

A cette deuxième catégorie, on peut rattacher les photos dites *panoramiques* qui sont des photos obliques, prises à basse altitude et faisant un angle voisin de 90° avec le sol. (voir fig. n° 2).

A noter en passant que ces dernières photos ne sont pas utilisées pour les opérations de restitution, comme nous le verrons tout à l'heure.

Ceci posé, on serait tenté de croire qu'une fois en possession d'une photo verticale on a une image fidèle du terrain et qu'en la remettant à l'échelle adoptée, on aura une carte *exacte* de la zone photographiée.

Il n'en est pas ainsi, car de multiples causes d'erreurs compliquent le problème. Les principales sont :

a) Les erreurs dûes à la *distorsion*, c'est-à-dire au manque de vitesse des obturateurs de plaques.

De grands progrès ont été faits de ce côté et on peut obtenir actuellement du 205ᵉ de seconde.

b) Les erreurs dûes au *nivellement*. En effet, la plaque photographique ne donne pas la projection horizontale du terrain, c'est-à-dire les projetantes verticales ; elle donne les projetantes *obliques* (voir figure nº 3), de sorte qu'un point élevé du terrain, et loin du centre de plaque, formera son image loin du pied de la verticale passant par le point considéré.

Il faudra donc, dans les photos, rechercher les points bas, ou tout près du centre, quand il s'agira d'enchainer des photos ou de repérer la position de la carte (voir restitution). En tout cas, dans les terrains accidentés, il y aura lieu de faire une *correction d'altitude*.

c) Erreurs dûes à l'*obliquité de l'appareil* au moment de la prise de vues. Cette question avait déjà été étudiée pendant la guerre, mais pas résolue, et actuellement on a inventé un mode de suspension et de cadres amortisseurs qui paraît devoir donner toute satisfaction (suspension et cadre, modèle 1922).

En résumé, de tout ce qui précède, on peut en conclure que l'on est amener à *restituer* le cliché pour avoir une carte exacte.

L'utilisation complète des photographies aériennes comportera donc *trois* opérations.

1) La *restitution* ;
2) L'*interprétation* ;
3) L'*exploitation*.

De la restitution. — La restitution consiste à situer *exactement* sur le plan des figures plus ou moins déformées, données par la photographie.

La restitution *précise et définitive* rentre dans les attributions des groupes de canevas de tir d'armée (G.C.T.A.), chargés de l'établissement du plan directeur et la restitution *provisoire* rentre dans les attributions des sections topographiques de C.A. (S.T.C.A.), chargés de l'établissement des rectificatifs, destinés à assurer la mise à jour du P.D.

A noter toutefois que la S.T.C.A. est chargée également d'établir la *carte d'étude* des premières positions ennemies au 10.000ᵉ.

De l'interprétation. — L'interprétation a pour but de déterminer la nature, la valeur et l'importance des travaux et éléments divers de l'organisation ennemie visibles sur les photographies.

Les officiers spécialisés dans l'interprétation des photos, quelle que soit l'expérience qu'ils aient acquis dans ce travail, se trouveraient dans l'impossibilité de déterminer la nature et surtout le but exact des travaux ennemis s'ils ne possédaient des renseignements recueillis par ailleurs (interrogatoires de prisonniers, etc.).

Ce n'est donc que par le 2ᵉ bureau, organe centralisateur de renseignements sur l'ennemi que peut être faite l'interprétation *définitive* des photos. Mais tous les officiers qui reçoivent des épreuves photographiques doivent les *étudier* et *s'attacher à les interpréter*.

De l'exploitation. — L'interprétation et la restitution sont indispensables. Elles ne sont pas suffisantes. Le commandement a, en effet, besoin de connaître non seulement la situation, la nature, la valeur, les détails des travaux ennemis, mais encore les raisons pour lesquelles ceux-ci ont été construits et les intentions auxquelles ils répondent. Cette dernière étude est d'ordre *tactique*. Elle consiste à analyser le plan de défense de l'ennemi ou à discerner ses intentions en tenant compte de ses méthodes de combat. C'est *l'exploitation*. Elle relève des Etats-Majors (2ᵉ bureau).

5) **Les méthodes de restitution.** — Nous diviserons les méthodes de restitution en deux catégories :

   a) Méthodes graphiques ;
   b) Méthodes mécaniques.

a) *Méthodes graphiques.* — Les principales sont :

   a) L'épure ;
   b) Les faisceaux anharmoniques ;
   c) Le craticulage ;
   d) La chambre clair.

a) *L'épure.* — C'est la solution la plus correcte et la plus précise. Mais l'opération est longue et délicate ; elle exige des notions très élevées de géométrie descriptive. Aussi, cette méthode est aujourd'hui complètement abandonnée.

b) *Les faisceaux anharmoniques.* — Ce procédé est décrit dans le cours commun de topographie (Nᵒˢ 635, 636 et 639) et dans le précis (Nᵒˢ 132 à 133 du chap. IV de la IVᵉ partie).

Il peut être employé utilement dans les cas simples de restitution en se servant du P.D. et non de la carte au 80.000ᵉ qui donne une base beaucoup trop incertaine.

c) *Le craticulage.* — Ce procédé est décrit également dans le cours commun de topographie (Nᵒ 640), et dans le précis (Nᵒ 134).

Il peut être avantageux si l'on dispose d'un nombre suffisant de repères sur la carte et la photographie.

d) *La chambre claire.* — Ce procédé a été mis au point par le Commandant Vavon, du service géographique de l'armée.

La description de l'appareil se trouve dans le cours commun de topographie (N° 641).

Cet appareil est inutilisable dans le cas d'un terrain accidenté.

Toutes ces méthodes ont l'inconvénient d'êtres longues et impraticables lorsqu'on s'attaque à de grandes étendues de terrain sur lesquelles tout doit être rigoureusement placé. Il faut donc arriver aux appareils purement mécaniques qui augmentent la rapidité de travail et dans lesquels la cote personnelle est presque totalement éliminée.

C'est pourquoi dès le début de la guerre, dans presque toutes les armées, des appareils rudimentaires furent construits.

Ces appareils de photo-restitution dérivent tous du même du principe :

Un appareil de projection dans lequel on mettait le cliché à restituer ;

Une planchette mobile en tous sens sur laquelle venait se projeter l'image déformée du cliché.

En 1916, les sections de photo aérienne furent dotées d'un appareil étudié par la direction des services de photographie aérienne, dénommé appareil à 3 corps et construit par la maison *Demaria*. Cet appareil est encore en usage actuellement.

Vers la fin de la guerre, apparut un appareil de photo-restitution très perfectionné et dû aux études de M. Roussilhe, ingénieur hydrographe de la Marine. Cet appareil, modifié encore en 1922, est actuellement en service aux colonies (Indo-Chine, Levant, Maroc, etc.), et aux régions libérées (réfection du cadastre). Le service géographique de l'Armée l'a également adopté.

Sans entrer dans des détails qui nous entraîneraient trop loin, on peut dire que les conditions d'emploi de cet appareil sont les suivantes :

a) Emploi du *même objectif* pour la prise des photos et leur restitution ;

b) Altitude *minima* de vol : 1.000 mètres ;

c) Clichés pris, autant que possible, à grande altitude (pratiquement, 5.000 mètres).

Bien entendu, il sera nécessaire de choisir l'objectif, la dimension des plaques et l'altitude, suivant le travail à exécuter.

Les résultats obtenus depuis la guerre avec l'appareil Roussilhe ont été remarquables tant au point de vue rapidité qu'économie de temps et de personnel.

Le rendement est, en effet, de 5 à fois supérieur à celui qu'on obtiendrait dans les conditions habituelles de lever et avec un personnel restreint. Ce qui est intéressant surtout à connaître, c'est la durée des opérations de photo-restitution. En moyenne, on peut admettre :

Pour la photo-restitution proprement dite : 20 minutes ;
— l'emploi des abaques :   2   —
— les opérations de laboratoire :   15   —

Au total : *37 minutes*, non compris le séchage.

Au point de vue militaire, l'appareil Roussilhe fut utilisé avantageusement par les G.C.T.A. pour la mise à jour des P.D.

Il est incontestable que dans une guerre future les perfectionnements actuels, non seulement de l'appareil, mais aussi des méthodes de restitution, sont appelés à rendre de grands services aux armées.

6) **Les procédés d'interprétation.** — L'interprétation est tout particulièrement l'attribution des 2ᵉ bureaux. Mais tous les officiers qui reçoivent des épreuves photographiques ont le *devoir* de les étudier et de s'*attacher* à les interpréter.

Cette observation s'applique tout particulièrement aux officiers de renseignements qui, en raison de la place qu'ils occupent à l'E. M. du régiment, sont susceptibles d'avoir les photos aériennes en première main et de faire une interprétation rapide avant de les envoyer aux unités.

En principe, 4 organes sont chargés de l'interprétation :

a) La section de photo aérienne ;
b) Le 2ᵉ bureau ;
c) Le G. C. T. A. ;
d) Le service de renseignements de l'artillerie (S. R. A.).

a) La section photo a les documents en première main. Elle fera de l'interprétation rapide et notera, surtout par comparaison avec les anciennes photos du même point, tout ce qui apparaît comme nouveau. C'est donc de l'interprétation technique.

b) Le 2ᵉ bureau est l'organe de coordination des renseignements ; il fera de l'interpreétation que nous appellerons *tactique*.

Il aura seul le droit d'authentifier et de faire publier les interprétations.

c) Le C.G.T.A. reçoit les photos déjà interprétées par la section photo et authentifiées par le 2ᵉ bureau. Il est donc chargé de la mise en place exacte de tous les renseignements sur le plan directeur. A chaque objectif nouveau, il donnera les coordonnées difinitives.

La S.T.C.A. sera chargée du même travail pour le secteur du C.A. et facilitera ainsi le travail du G.C.T.A.

d) Le S.R.A. reçoit les photos déjà rapidement interprétées de la section photo. Il s'attachera donc à l'étude parfaite des batteries ennemies.

Comme on le voit, l'interprétation est d'une grande importance. En principe, le rôle *d'interprétateur* devrait être réservé à :

Un ou deux officiers du 2ᵉ bureau ;
Un officier de renseignements de l'Aéronautique ;
Un officier du S.R.A.

En fait, ceux-ci ont déjà beaucoup trop à faire pour s'adonner uniquement au travail d'interprétation ; ils ont surtout un travail de contrôle et de mise au point des renseignements fournis. Aussi, pendant la guerre, le travail d'interprétation fut fait par les officiers, sous-officiers et soldats dessinateurs des 2ᵉˢ bureaux, des sections photos et des canevas de tir.

Quelles sont les qualités que doit posséder l'interprétateur ?

L'officier interprétateur doit avoir une bonne vue, beaucoup de méthode, être rigoureusement consciencieux, ne pas se laisser aller à son imagination, savoir s'entourer de toutes les sources de renseignements possibles et n'en négliger aucune.

Il est indispensable en outre de connaître les règlements de l'ennemi. Grâce à cette connaissance, des organisations qui peuvent nous paraître étranges ou nous échapper deviennent tout à fait naturelles.

La lecture de ces documents facilite beaucoup l'étude des travaux ennemis ; elle permet d'en suivre pas à pas l'évolution. Les interprétateurs doivent se rendre *en première ligne* ou sur le terrain d'attaque aussitôt après une avance. Photographies et P.D. en main, ils ont ainsi la possibilité de vérifier le bien fondé de leurs hypothèses.

Toute cette étude sera non seulement utile à l'interprétateur, mais aussi au commandant de batterie ou de secteur à qui l'on expliquera les défauts d'organisation qui le rend facilement repérable par l'ennemi.

Ce que nous venons de voir est de l'interprétation technique. Toute autre est l'interprétation tactique ou utilisation de tous les renseignements obtenus pour en dégager une opinion sur les intentions de l'ennemi tant défensives qu'offensives. Ce travail ne pourra être fait que par un officier du 2ᵉ bureau qui a sous la main tous les renseignements provenant des interrogatoires des prisonniers, rapatriés, des S.R.O.T., etc

Losqu'il s'agira de prévoir une attaque ennemie, l'interprétateur s'attachera à voir dans leur ensemble la succession des travaux qui préparent cette attaque. En quelque sorte le programme des recherches de l'interprétateur tactique chargé de l'exploitation, lui sera tracé par la connaissance des règlements ennemis. L'exécution de ce programme se verra presque entièrement sur les photographies aériennes.

En résumé on voit donc que la photographie aérienne est une des principales sources de renseignements sur l'ennemi, mais il faut bien se mettre dans l'esprit que seule, elle ne suffit pas pour permettre au commandement de se former une opinion absolue sur les intentions de l'ennemi.

Il faut donc une liaison constante entre tous les services : aussi dans la dernière guerre, des réunions périodiques de tous les officiers s'occupant d'interprétation avaient été prévues et réglementées.

En période calme, elles doivent avoir lieu une ou deux fois par semaine. En période active, elles doivent être journalières afin que les renseignements apportés soient exploités vite et bien et qu'il n'y ait pas double emploi au point de vue travail.

Ce n'est en effet que par la collaboration étroite et incessante de tous que les renseignements comparés et contrôlés acquièrent plus de valeur et d'exactitude.

7) **Comment étudie-t-on une photographie aérienne.** — Une fois en possession du cliché il faut l'étudier.

A cet effet on peut consulter le négatif sur verre puis le positif sur verre qui grâce à un bon éclairage peuvent révéler des détails impor. tants. Ensuite on peut examiner l'agrandissement, ce dernier est souvent utile lors de la préparation d'un coup de main. Mais avant tout il faut consulter le montage stéréoscopique, document de la plus haute importance qui fournira les renseignements les plus précieux. Vouloir faire une interprétation sérieuse sans stéréogrammes, c'est se condamner volontairement à être borgne.

Enfin, s'il y a lieu on devra étudier l'assemblage, document facilement réalisable puisque les photos se recoupent généralement au tiers·

Ce *recoupement du tiers* entre 2 photos successives a en outre l'avantage de fournir un bon montage stéréoscopique. Si donc on juxtapose deux clichés consécutifs et qu'on les examine à l'aide de deux lentilles mises à l'écartement des yeux, on aura la sensation du relief, relief d'autant plus grand que la base stéréoscopique sera elle-même plus grande.

Le montage stéréoscopique fut fréquemment utilisé pendant la dernière guerre. En particulier, à la section photo de la IVe armée, il permit en quelques jours de faire plus d'un millier de stéréogrammes sur verre de la région des Monts au sud de Moronvillers pour la préparation de l'attaque d'avril 1917.

8) Quelques mots sur les appareils photographiques et les magasins. — Les appareils photographiques actuellement en usage sont des appareils de 0 m 26, 0 m 50 et 1 m 20 de distance focale.

L'appareil de *0 m 26* est peu encombrant ; il est généralement utilisé sur les avions où la place manque et pour les reconnaissances rapides.

L'appareil de *0 m 50* est le plus fréquemment utilisé ; il s'adapte en effet, à peu près à toutes les missions photographiques et est également peu encombrant.

Les échelles de restitution pour ces deux appareils correspondent au 10.000ᵉ et au 20.000ᵉ.

L'appareil de *1 m 20* est évidemment le plus encombrant des trois. En outre la *petite* surface couverte oblige à un grand nombre de clichés : enfin il a l'inconvénient d'avoir une faible luminosité. Cet appareil est donc assez peu employé. Néanmoins on s'en sert quand on veut préciser certains points de l'organisation ennemie car l'échelle de restitution qui correspond à cet appareil est le 2.000 ou le 2.500ᵉ donc grande échelle et par suite carte riche en détails planimétriques.

Les *magasins* actuellement employés sont soit à plaques soit à films, à rendement ordinaire ou à grand rendement, à escamotage ou automatiques.

Le plus ancien de tous les magasins — d'ailleurs encore en service — est le *Gaumont* de 12 plaques 18×24 avec escamotage en 4 temps.

Le magasin de *Ram* mis au point en 1918 est entièrement automatique. Il contient 50 plaques 18×24.

Enfin les Services de la Reconstitution Foncière ont construit un magasin à grand rendement, automatique (magasin *Rolland*) contenant 120 plaques 12 × 24.

Le type le plus connu des magasins à films est le magasin *Duchatellier* qui permet de prendre 200 vues. Ce magasin est automatique.

Dans tous ces appareils automatiques le déclanchement de l'obturateur est toujours calculé de façon à ce que le recoupement des clichés se fasse au tiers, ce qui, comme nous l'avons vu, facilite le montage stéréoscopique.

Plaques ou films ? Lequel des deux procédés faut-il employer ? Les deux ont leurs avantages et leurs inconvénients.

Les plaques sont encombrantes et lourdes, mais elles ont une rigidité parfaite. Dans les différentes opérations de laboratoire, elles ne subissent aucune déformation, ce qui est très important lorsqu'il s'agit d'opérations de précision comme les levés destinés au cadastre ou aux plans directeurs.

L'emploi de films paraît devoir fournir une solution élégante du vol photographique à grand rendement. Actuellement on peut obtenir des épreuves d'une finesse et d'une précision incomparables et l'on peut affirmer qu'aujourd'hui la pellicule est la *reine incontestée* de la photographie aérienne ; 1° par la légèreté des appareils : 2° par la rapidité des opérations de chargement effectuées en plein jour ; 3° par la possibilité de faire exécuter les opérations de développement et de tirage par des machines automatiques.

Ces conditions ont été réalisées dans les magasins à pellicules de M. *Duchatelier* dit *Aérophotes* (modèles 1924 et 1925).

9) **Comment lutter contre la photo aérienne.** — C'est par le *camouflage judicieusement exécuté* qu'il faut lutter contre la photographie aérienne.

La plaque sensible va, en effet, nous permettre de déceler la moindre chose souvent invisible à l'œil nu. Elle nous permettra aussi, si elle est orthochromatique sensible au jaune et au vert, de différencier les différents jaunes et les différents verts.

Enfin, ce qu'il faut surtout savoir, c'est que, en photographie aérienne, ce qui attire l'œil de l'interprétateur, c'est la forme géométrique et l'ombre portée. Il faudra donc que les organisations soient dissimulées aux vues aériennes en les faisant se confondre avec les objets environnants.

De l'étude attentive des photos aériennes, on peut en déduire les règles générales suivantes en fait de camouflage.

a) Camouflage *préventif*, c'est-à-dire exécuté avant le commencement des travaux.

b) Surfaces *planes* et surtout prohibition des toiles peintes.

c) Circulation rigoureusement *réglementée* autour du camouflage.

d) Pas de relief ni de forme géométrique autant que possible.

e) Matériaux judicieusement choisis.

f) Eviter la régularité et répétition, comme, par exemple, la batterie de minenwerfer, avec ses 4 embrasures, ses 4 entrées d'abris, ses 4 trous d'aération.

g) Choisir le terrain pour les organisations chaque fois qu'il sera possible de le faire.

Ce n'est que par l'observation stricte de ces quelques règles essentielles que le fantasin pourra lutter avantageusement contre l'interprétateur photographique et lui dissimuler jusqu'au dernier moment ses travaux d'attaque ou de défense.

RENSEIGNEMENTS

SEPTIÈME CONFÉRENCE

La recherche
l'interprétation et l'exploitation
des renseignements

par l'Officier de Renseignements Régimentaire

I. — Généralités

Pour que les différents organes de renseignements réalisent leur maximum de rendement, il est indispensable que leur mise en œuvre soit *organisée, orientée* et *contrôlée* et que les informations obtenues soient *centralisées, coordonnées, vérifiées, transmises, interprétées* et en dernier lieu *exploitées*.

L'étude de l'organisation du service des renseignements a permis de passer en revue les moyens d'information et leur répartition aux différents échelons de l'armée. Il reste à définir :

1° — Avant tout et d'abord dans quelles conditions est orientée la recherche du renseignement lui-même.

2° — Comment on interprète et on exploite un renseignement.

La recherche des renseignements.

Elle comporte :

a) *Un plan de renseignement.*

Ce plan est basé sur les besoins du Commandement en fonction de son plan de manœuvre et des hypothèses raisonnables qu'il fait sur l'ennemi. Il précise d'après le but à atteindre, le sens dans lequel les recherches doivent être orientées. Il fixe les points qu'il est utile de connaître pour aider au développement de la manœuvre, parer aux surprises.

Ce plan de renseignements est l'œuvre du Commandement lui-même.

b) *Un plan de recherche.*

Ce plan est fonction du plan de renseignements. Il comporte un certain nombre de missions de recherches appropriées à la manœuvre en cours. Ces missions sont précisées sous la forme de questions à poser aux organes d'information habituels, aux corps de troupes, aux postes d'écoute, aux services de renseignements spéciaux, etc... Quelquefois même, ils consistent en *ordres d'opérations* visant l'exécution d'opérations spéciales : coups de main, offensives partielles, etc...

Aucun échelon ou organe de recherche ne peut se passer d'un plan ou tout au moins d'un programme de recherche, parce qu'il les place dans l'ambiance nécessaire pour un travail fructueux et les oriente sur le sens des recherches particulières à faire.

Le plan de recherche est l'œuvre essentielle des 2e Bureaux.

II. — Rôle de l'Officier de Renseignements régimentaire

La tâche de l'officier de renseignements régimentaire donne lieu en ces matières :

— *à l'élaboration personnelle d'un programme de recherches.*

Ce programme est fonction des organes dont il dispose et de la situation tactique. En période de stabilisation, l'officier de renseignements s'adonne, si le terrain s'y prête, au perfectionnement de ses observatoires. Il est seul juge, à moins d'ordres spéciaux de son Colonel, pour orienter ses recherches soit d'abord sur les défenses accessoires ennemies, soit vers les emplacements de ses postes d'écoute, soit sur la détermination de ses véritables échelons de combat, etc... En période active, en interrogeant des prisonniers, il lui sera loisible de s'informer sur les points particuliers intéressant son régiment : emplacements de mitrailleuses, abris, observatoires, points fortement tenus, etc...

L'officier de renseignements dont les qualités maîtresses doivent être l'initiative et l'activité, a toute latitude quant à l'ordre d'urgence de ces recherches,

Il s'attache dans tous les cas à les orienter :

Soit dans le sens des attaques projetées par le régiment.

Soit dans le sens des offensives que l'on peut craindre de la part de l'ennemi.

Il n'hésite pas à demander à son chef de corps, les petites opérations qui lui paraîtraient nécessaires pour obtenir ou préciser les renseignements qui lui manquent.

Au classement des renseignements ainsi mis au point et à leur interprétation.

L'Officier de renseignements ne peut faire que de l'interprétation restreinte. Il doit s'efforcer malgré tout de synthétiser les renseignements recueillis et en tirer une tactique d'ensemble sur les intentions de l'ennemi qu'il a en face de lui. Il assiste en outre aux réunions fréquentes et quelquefois journalières de tous les Officiers de renseignements de la Division. C'est surtout au cours de ces réunions que l'on s'efforce d'arriver après discussion à une interprétation rationnelle des renseignements recueillis. Des réunions identiques sont tenues aux 2ᵉ Bureaux du Corps d'Armée et de l'Armée.

— *à l'exploitation, à la diffusion de ces renseignements* sous une forme immédiatement utilisable, d'où l'établissement :

— de comptes rendus, cartes, rapports pour le Commandement.

— de bulletins de renseignements, cartes pour les unités subordonnées.

— de dossiers de secteur.

III. - L'exploitation des renseignements

Le travail d'exploitation et de diffusion des renseignements constitue une des tâches essentielles de l'Officier de renseignements régimentaire.

C'est à lui qu'il appartient de faire une première discrimination des renseignements qui lui arrivent, d'exploiter et de diffuser ceux qui présentent de l'intérêt.

Cette exploitation et cette diffusion incessantes au cours du combat, s'exercent.

1) Dans les deux sens.

Dans le sens Avant-Arrière :

Le courant va du front de combat aux 2ᵉ Bureaux. Il transporte deux catégories de renseignements :

— Ceux qui donnent lieu à une exploitation immédiate. Ce sont ceux qui intéressent le régiment même de l'Officier de renseignements ou une unité très voisine. Dans ce dernier cas l'information lui est immédiatement communiquée, à charge d'en rendre compte à l'autorité supérieure et de faire suivre néanmoins et ultérieurement au renseignement la voie hiérarchique normale.

— Ceux qui donnent lieu à une exploitation ultérieure. C'est le cas pour tous les renseignements qui ne présentent aucun intérêt pour celui qui les détient et ne peuvent intéresser une unité voisine. Ils sont transmis purement et simplement à l'autorité supérieure qui pourra peut-être en les confrontant avec des renseignements divers en tirer quelque utilité au profit de ceux-là même qui les lui ont fait parvenir.

Il y a lieu de remarquer qu'il existe des renseignements qui ne peuvent recevoir que l'un ou l'autre de ces genres d'exploitation. Par contre la plupart d'entre eux peuvent recevoir les deux.

Exemple :

Un observatoire du régiment A vient d'apercevoir à la pointe du jour un groupe de travailleurs sur tel point du front. Le chef de l'observatoire sait d'autre part, que non loin de son poste, il se trouve une section de mitrailleuses appartenant au régiment B dont les pièces sont en surveillance sur le point précité. Considérant que s'il envoie son renseignement par la voie hiérarchique, celui-ci passera par l'I. D. et le P.C. du Colonel du régiment B avant d'atteindre le chef de section de mitrailleuses et que par conséquent il y aura beaucoup de chances pour que les soldats ennemis aient disparu, il fait sur le champ et directement prévenir le chef de section de mitrailleuses, et donne ainsi à son renseignement une *exploitation immédiate*. Il ne manque pas néanmoins de signaler à l'Officier de renseignements du régiment A, la position et l'existence de ces travailleurs ennemis. L'Officier de renseignements à son tour en fait part aux échelons supérieurs, le renseignement arrive alors à l'Armée où il se trouve recoupé par exemple avec des renseignements provenant de l'aéronautique (photographie) et des prisonniers. Le 2ᵉ Bureau acquiert alors la certitude que l'ennemi installe à ce point des minerwerfer. L'information est alors communiquée à l'artillerie. Un tir est décidé sur les travaux relevés ; le renseignement a alors donné lieu à une *exploitation ultérieure*.

On voit par cet exemple quil ne faut jamais dire : « J'ai tiré tout le parti possible d'un renseignement, je ne le transmets pas plus loin ». A fortiori, il ne faut jamais garder par devers soi une information sous prétexte qu'elle ne vous intéresse pas.

Enfin il ne faut également jamais omettre de mentionner à la suite du renseignement les communications diverses dont il a été l'objet ; ceci est nécessaire afin que l'échelon supérieur ne soit pas tenté de faire revenir le renseignement sur ses pas par crainte de non-exploitation.

Dans le courant Arrière-Avant :

Le courant va des 2e Bureaux aux unités combattantes. Deux genres de renseignements empruntent ce courant :

— Les renseignements fraîchement recueillis, qui sont transmis vers l'avant en vue de leur exploitation immédiate.

— Les renseignements de date plus ancienne qui ont été exploités complètement par le 2e Bureau de l'armée et qui sont transmis sous forme de bulletin ou d'études d'ensemble.

2) — **Par les moyens les plus rapides**, surtout si le renseignement peut intéresser l'unité ou une unité voisine et donner lieu à une exploitation immédiate.

En matière de renseignement il n'y a pas d'instance.

Qu'il s'agisse de l'un ou de l'autre de ces courants, l'Officier de renseignements occupe une situation intermédiaire entre la troupe et les 2e Bureaux. Dans chacun de ces cas, il se trouvera en face d'un ensemble de renseignements parmi lesquels il devra d'abord faire un choix, ensuite transmettre ou diffuser, après les avoir rédigés.

IV. — Le courant avant-arrière

Ce courant va :

— Des unités en ligne à l'Officier de renseignements.

De l'Officier de renseignements aux 2e Bureaux.

L'officier de renseignements reçoit donc des renseignements et envoie des comptes rendus à la Division.

1.   La réception des renseignements.

Les renseignements proviennent des bataillons et compagnies, des observatoires, des unités n'appartenant pas à son régiment, mais qui ont intérêt à lui faire connaître tel ou tel point de la situation, des blessés, etc. Ils affectent le plus généralement la forme manuscrite. Dans les cas urgents ils se font précéder d'un compte rendu empruntant un moyen de transmission rapide électrique ou radio-électrique.

En présence de tous ces coups de téléphone, messages par T.P.S., par estafettes, par coureurs, renseignements divers d'importance variable provenant des compagnies sous forme de comptes rendus, de croquis ou de cartes rectifiées, *un travail de discrimination s'impose*. Il est nécessaire que l'officier de renseignements fasse un choix en vue de la transmission qu'il doit préparer. Ce travail délicat de discrimination demande de la méthode et du jugement.

Il comprend deux phases :

1re phase : Savoir ce qu'il faut transmettre.

Les renseignements doivent être partagés dès leur arrivée en deux lots :

1° Ceux qui sont urgents et qui doivent être immédiatement signalés par téléphone ou tout autre moyen de transmission rapide aux intéressés.

2° Ceux qui peuvent attendre l'envoi du compte rendu journalier de la journée ou la feuille de renseignements envoyée aux unités du régiment.

En effet ce partage est utile, les renseignements n'ont pas tous la même importance et dans une journée de combat on est surpris de leur diversité, de la futilité de certains, qui viennent encombrer les moyens de transmission et retarder l'envoi des plus importants. Pour faire ce choix, il faut un coup d'œil très sûr ; malgré sa difficulté il doit se faire avec célérité.

Il faut ensuite rechercher quels sont les destinataires ; ceux-ci se classent en deux lots : ceux de l'avant, ceux de l'arrière ; il en résulte 5 catégories de renseignements échelonnées de la façon suivante :

a) Renseignements urgents, destinés à l'avant, susceptibles d'être exploités immédiatement par les unités du corps.

b) Renseignements urgents, destinés à l'arrière.

c) Renseignements pouvant attendre, destinés à l'avant, (à porter dans la feuille de renseignements).

d) Renseignements pouvant attendre, destinés à l'arrière (à porter dans le compte rendu journalier).

e) Renseignements sans valeur à ne pas transmettre.

Il faut remarquer qu'il peut y avoir chevauchement entre les catégories a et b, entre les catégories c et d, entre a et d.

2e phase : Savoir à quel moment transmettre. Dans l'ensemble des catégories précitées un ordre d'urgence apparaît déjà. Mais dans chaque catégorie encore, les renseignements sont d'urgence granduée, il y a encore un classement à faire, il faut mettre en tête dans l'ordre de départ, les plus importants.

Tout ce travail de classement, qui au moment des opérations actives ne cesse pas, se nomme *l'ordre d'urgence*.

Il faut que l'officier de renseignements y apporte beaucoup de méthode, d'initiative et de jugement, car il doit s'efforcer de comprendre à chaque instant la situation, pour savoir discerner quel est le renseignement le plus important. Il faut qu'il transmette vite sans surcharger le chef du Service des Transmissions qui n'a pas que des renseignements à transmettre, mais encore des ordres.

Autant que possible *l'officier de renseignements travaillera à côté de l'officier de transmissions*. Dans la guerre de stabilisation leurs P.C. seront jumelés de manière à réaliser un gain de temps.

L'officier de renseignements fera tenir par son sous-officier adjoint un carnet d'entrée et un carnet de sortie.

Le *carnet d'entrée* comprendra une série de feuillets libellés de la façon suivante :

Numéro du renseignement	Expéditeur	Heure d'arrivée. Date	Moyens de transmissions (courcurtélép, T.P.S. etc.).	Libellé	Transmissions dont le renseignement a déjà été l'objet
(1)	(2)	(3)	(4)	(5)	(6)

Chaque fois qu'un renseignement arrive, il est affecté un numéro d'ordre d'une série unique qui est porté sur le carnet, et sur le renseignement lui-même d'une manière très apparente.

Les colonnes (2) (3) et (5) sont les plus importantes.

Si les renseignements arrivent en tel nombre qu'il est impossible de les transcrire, on peut en coller directement le libellé sur le carnet ou bien constituer un dossier, il sera toujours facile de retrouver le renseignement grâce au numéro d'ordre.

Le *carnet de sortie* sera libellé suivant l'ordre d'urgence lui-même.

Un procédé pratique pour ne pas être encombré, tout en conservant trace des envois et ne retardant pas leur transmission, est de constituer le carnet de la manière suivante : chaque feuillet sera composé de coupons détachables, grâce à une perforation, ces coupons seront libellés de la manière suivante :

Numéro		R. I. —		Feuillet 3 — Coupon II
Numéro d'envol	Numéro d'arrivée	Heure et date d'arrivée	Destinataire	Libellé
(1)	(2)	(3)	(4)	Autant que possible en papier quadrillé, un carré pour 5 $^{m}/m$ ou bien papier millimétré.

Il peut y avoir 4 coupons par feuillet.

A chaque feuillet correspond un feuillet bis comportant le même cadre, mais dont les coupons ne sont pas détachables. Entre le feuillet original et le feuillet « bis », on intercale une feuille de papier carbone, de cette façon en rédigeant le 1er renseignement, il est transcrit automatiquement sur le feuillet « bis ».

Ce carnet présente l'avantage suivant :

On peut envoyer les renseignements suivant leur urgence dans un ordre quelconque, les renseignements ne sont numérotés dans une série unique qu'au moment où on détache le coupon ; de cette façon ce numéro est précisément celui de l'ordre d'urgence.

II. — L'envoi des renseignements.

L'officier de renseignements du R. I. adresse à l'officier de renseignements de la D.I. :

Un certain nombre de renseignements variables suivant les besoins, en rapport avec son activité personnelle et les opérations en cours.

Un compte rendu journalier.

Le renseignement. — Le renseignement, auquel toutes les fois que cela est possible un croquis-calque est annexé, doit revêtir une forme qui n'est pas indifférente.

Pour répondre en effet à son but le renseignement doit être :

1° Susceptible d'une exploitation maximum ;
2° Transmissible dans le temps minimum ;
3° Transmissible à l'insu de l'ennemi.

1° *Etre susceptible d'une exploitation maximum* : Cette condition sera remplie si celui qui le dirige dit tout ce qu'il a vu et rien que ce qu'il a vu avec le maximum de précision et de clarté, ce qui se traduit par trois qualités :

a) Etre complet.
b) Etre précis.
c) Etre clair.

2° *Etre transmissible dans le temps minimum.* Le temps minimum est d'ailleurs ici une notion tout à fait *relative* et qui dépend de la distance à laquelle le renseignement est recueilli, un renseignement recueilli par avion à 150 km. des lignes n'a pas encore de répercussion une heure après qu'il a été constaté ; au contraire, un renseignement recueilli par les observatoires terrestres d'un bataillon en ligne, bien souvent n'a presque plus de valeur s'il arrive *un quart d'heure* après au P. C. du colonel car le fait auquel il se repporte s'est passé extrêmement près des lignes — son action est donc déjà ressentie ou ne s'est pas produite et ne produira sans doute pas.

Cette condition de temps minimum sera remplie si le renseignement encombre un moyen de transmission pendant le moins de temps possible, par conséquent, s'il est rédigé avec le plus de concision possible.

3° *Etre transmissible à l'insu de l'ennemi.* Beaucoup de moyens de transmissions ne présentent pas toutes les garanties de discrétion nécessaires (T. P. S., T. S. F., téléphone, P. V., optique) il faut donc *chiffrer* les messages, ce qui diminue le rendement des moyens de transmissions ; pour compenser cette infériorité, il faut s'efforcer d'avoir des messages courts, donc encore concis.

Définition. — On peut donc définir le renseignement de la façon suivante :

Un renseignement est la relation claire, précise, complète, et concise d'un évènement susceptible d'intéresser le Commandement et rédigé avec le seul souci d'en faciliter la transmission et surtout *l'exploitation.*

> Etre complet,
> précis,
> clair,
> concis,

sont les quatre qualités que nous examinerons.

a) **Etre complet.** — Pour être complet un renseignement doit faire connaître :

A) *Informations sur l'ennemi.*

1° Forces reconnues. — Effectif, armes auxquelles elles appartiennent, nature lieu et nombre des engins repérés.

2° Le moment précis (heure, minute) ou il a été signalé.

3° Le point ou les points sur lesquels il se trouvait à ce moment.

4° Sa situation et ses mouvements.

En station.

En marche. — Formation, direction, allure, motif probable de déplacement (renfort, contre-attaque, etc...).

5° Les modifications apportées aux organisations ennemies : lieu, nature, importance, moment où elles ont été constatées.

B) *Informations sur nos troupes.*

1° Position sur la ligne amie.

2° Situation matérielle et morale.

3° Position du P. C., de l'unité expéditrice (quand celui-ci s'est déplacé).

4° Indiquer s'il y a lieu où sont les voisins.

C) *Informations éventuelles.*

Renseignements sommaires sur la topographie du lieu pouvant intéresser l'artillerie (présence de rideaux d'arbres, pente du terrain, etc...) ou les autres armes (praticabilité du terrain, état des défenses accessoires).

b) **Etre précis.** — Le fait, objet du renseignement, se déroule dans l'espace et le temps. Les conditions d'espace et de temps qui le déterminent demandent à être nettement précisées, de la manière suivante :

Condition du temps. — Indication précise de la date et de l'heure à laquelle s'est passé l'événement, et de la date et de l'heure à laquelle le renseignement a été transmis.

Condition d'espace. — Indiquer avec précision le lieu où se passe l'événement. Ici deux cas peuvent se présenter :

a) *Le lieu est dénommé sur la carte.* — Indiquer le nom du lieu ; s'il peut y avoir doute, inscrire en référence l'échelle de la carte. Si le lieu a plusieurs dénominations (cas d'appellations locales, de traductions étrangères), les mentionner.

b) *Le lieu n'est pas dénommé.* — Le désigner en donnant la distance qui le sépare de deux points nettement marqués sur la carte, ou bien si l'orientation du point inconnu par rapport à un autre point connu ne peut laisser aucun doute le désigner par la distance qui le sépare du point connu, distance comptée sur telle direction (N.-S.).

En général il faut toujours préférer les indications Nord, Sud, Est, Ouest, aux termes en avant, en arrière, à droite, à gauche, ou bien encore désigner le point par ses coordonnées Lambert.

Ou encore si le renseignement émane d'un observatoire, désigner le point par rapport à la direction origine de l'observatoire.

c) **Etre clair.** — Les heures et les nombres importants seront écrits en toutes lettres, après avoir été exprimés en chiffres.

Les heures se comptent de 0 à 24.

Les noms propres sont soulignés.

Les abréviations *sont à éviter*, sauf celles universellement connues et qui ne peuvent prêter à confusion.

Les écarts angulaires se comptent dans le sens de la marche des aiguilles d'une montre.

Ecrire lisiblement.

d) **Etre concis.** — Le renseignement devra être rédigé dans un style aussi concis que possible, néammoins on ne devra pas perdre de vue que le souci de la concision est toujours subordonné à celui de la précision. Concis ne veut pas dire laconique, mais signifie ne pas dire ce qu'il inutile d'exprimer.

L'emploi des indicatifs, des coordonées augmente la concision.

La concision est une affaire d'organisation intérieure, elle présuppose un plan et un bon style, formé d'expressions raccourcies, vigoureuses et simples, caractérisant nettement une situation déterminée.

III. — Le compte-rendu journalier.

L'officier de renseignements devra avoir un *carnet d'enregistrement* des comptes rendus envoyés à la D. I., reproduisant in-extenso ces comptes rendus.

Le modèle de ce compte rendu sera en général imposé par l'Etat-Major de la Division.

En période de stabilisation, il se rapprochera du modèle ci-après:

Compte rendu journalier de renseignements

recueillis par le 70ᵉ Régiment d'Infanterie . . . .

du.. . . . . Septembre . . . . 1917. . . . . 6 heures

au . . . . Septembre . . . . 1917. . . . . 6 heures

I. — Physionomie générale de la journée.

II. — Renseignements sur l'ordre de bataille.

IV. — Artillerie : activité — emplacements de batteries — dépôt de munitions.

V. — Minenwerfer et mitrailleuses : emplacements — activité.

VI. — Travaux : Indiquer le point précis à l'aide des indications de la carte au 1/10.000e, complétées par la situation de ce point par rapport à un point très connu (village, bois).

Leur état — leurs défenses accessoires — observatoires — Travaux en cours d'exécution.

VII. — Circulation : *a)* voies ferrées,

> *b)* routes,
>
> *c)* pistes.

Intensité dans les 24 heures.

VIII. — Signaux lumineux et autres :

IX. — Aviation : — altitude,

> — activité,
>
> — ballons en ascension.

X. — Divers : Moral — Prises — Effectifs.

XI. — Résultats des écoutes téléphoniques.

XII. Conclusion d'ordre tactique.

L'Officier de renseignements :

> X...

LE COLONEL,

Commandant le 70e R. I.

Signé...

Examinons chacun de ces paragraphes et voyons quels sont les renseignements qui devront y figurer et comment l'officier de renseignements se les procurera.

III. — Infanterie : unités en ligne identifiées — limites de secteur, de sous-secteurs, de quartiers, de sous-quartiers ennemis.

I. Renseignements sur l'ordre de bataille.

Devront figurer à ce paragraphe les renseignements ci-après :

— Enumération et emplacement des unités ennemies (C.A. — D.I. Régiments — Bataillons — Compagnies) en face du secteur du régiment.

— Limites des secteurs d'unités.

— Répartition des troupes à l'intérieur de chaque secteur.

— Date d'arrivée en secteur.

— Provenance.

— Valeur de l'unité.

II. — Infanterie.

Attitude des troupes adverses (passives, actives par le feu, par les patrouilles, par les coups de main, les signaler).

Mode des relèves et itinéraire des relèves et des corvées.

Tous les renseignements de ces deux paragraphes sont fournis par les prisonniers, les cadavres, par les documents trouvés sur eux ou capturés lors des patrouilles, ou des coups de mains, par les postes d'écoute téléphoniques qui captent les conversations de l'ennemi, par les postes de guetteurs et observatoires.

III. — Artillerie.

Les renseignements à noter dans ce paragraphe sont les suivants :

— Nombre approximatif des projectiles d'artillerie tombés dans le sous-secteur du régiment.

— Nature des projectiles.

— Direction générale d'où viennent les coups. Emplacement des batteries, des dépôts de munitions.

— Calibre des projectiles.

— Points particulièrement bombardés. — Heures de ces bombardements.

Tous ces renseignements sont fournis par les observatoires, sauf ceux sur les calibres. Ces derniers renseignements ne peuvent être donnés que par le ramassage après le tir des fusées, ceintures. Il est indispensable que l'officier de renseignements fasse comprendre aux hommes l'intérêt que peuvent présenter ces objets. Il ne devra lui-même jamais négliger d'enyover à la D.I. les fragments qui lui auront paru douteux ou intéressants.

IV. Artillerie de tranchée. Mitrailleuses.

Les renseignements à donner dans ce paragraphe sont les suivants :

— Emplacement — modèle — activité.

Zone d'action habituelle — Points sur lesquels l'ennemi tire le plus fréquemment.

— Heure des tirs.

Ces renseignements sont fournis par les sous-officiers de renseignements.

Les emplacements sont déterminés par des opérations topographiques simples et l'étude des photos aériennes.

V. — Travaux.

Tous les travaux entrepris par l'ennemi et visibles sur les photos aériennes sont interprétées par les échelons supérieurs. L'Officier de renseignements doit surtout signaler les travaux qui ne se dévoilent pas sur les photos, mais qui sont visibles des observatoires ou qui peuvent être visités par les patrouilles, lors des coups de mains. Les renseignements sur la première ligne ennemie, les défenses accessoires de cette première ligne et les travaux en avant de ces défenses ne peuvent être étudiés en détail que par l'officier de renseignements. Tout travail nouveau signalé par les observatoires devra être situé par lui à l'aide d'opérations topographiques simples et de la lecture des photos. En période d'opérations actives au fur et à mesure de la conquête du terrain, les organisations ennemies et en particulier les abris doivent être étudiés par les organes de renseignements, l'armement, les dépôts de matériel, de munitions sont inventoriés sommairement et signalés. Si une partie du terrain conquis venait à être reperdue, l'Officier de renseignements serait inexcusable, s'il ne connaissait pas à fond pour l'avoir visitée personnellement la zone évacuée par son unité.

VI. — Circulation.

a) Voies ferrées :

Trains aperçus — heures — sur quelle ligne.

En quel point. — Direction prise (si possible, composition des trains). — Nombre de trains dans les 24 heures et dans chaque sens.

b) Routes et pistes :

Convois. — Véhicules isolés. — Cavaliers ou isolés aperçus.

Heures. — Sur quelle route ou piste.

Direction prise.

c) Camouflages récents :

Beaucoup de camouflages de routes et de pistes sont invisibles sur les photos. Or, il peut être intéressant de connaître les routes nouvellement camouflées. Seuls les observatoires pourront donner tous ces renseignements s'ils observent avec méthode. En plus de ces renseignements de détail, l'Officier de renseignements doit s'efforcer de dégager le caractère de la circulation pendant la journée comparativement à la circulation normale ; l'usage de graphiques est à recommander.

VII. — Signaux lumineux et autres.

Tous les organes lumineux apparaissant chez l'ennemi doivent être repérés et signalés. On s'efforcera d'en découvrir la signification. Ceux de demande de tir de barrage sont faciles à identifier à cause de la simultanéité du barrage et du signal.

VIII. — Aviation.

Les variations du nombre des avions survolant nos lignes et des ballons en ascension devant notre front sont autant d'indices qui permettent, par recoupement avec des renseignements d'autres sources, d'éventer les intentions de l'ennemi.

Un personnel d'observation bien dressé peut donner, à ce sujet, des renseignements précieux, mais ce dressage est particulièrement délicat. Il comporte la *connaissance des silhouettes d'avions ennemis* et le recoupement rigoureux de chaque drachen à son point d'ascennion. Si le personnel n'a pas ce dressage, il vaut mieux s'abstenir de crainte de faux renseignements. Des graphiques de l'activité aérienne seront avantageusement tenus par l'officier de renseignements.

IX. — Divers.

Figureront à ce paragraphe, tous les renseignements intéressants qui n'auraient pu trouver leur place dans les paragraphes précédents.

Tout renseignement urgent (en particulier tout renseignement sur une modification de l'ordre de bataille ennemi) doit être téléphoné à la D. I., puis confirmé sur le compte rendu à heure fixe. On enverra à l'échelon supérieur, au moins trois fois par jour, au commencement, au milieu et en fin de jouruée, un compte rendu sommaire accompagné, s'il y a lieu, de croquis explicatifs. On ne devra pas hésiter à multiplier les liaisons avec l'arrière en augmentant la fréquence des envois.

En période d'opérations en terrain libre, ce modèle de compte rendu est, bien entendu, simplifié et modifié. Le paragraphe travaux n'existe pas.

Enfin, dans son compte rendu journalier, l'officier de renseignements n'hésitera pas à formuler son opinion motivée sur l'attitude de l'ennemi et sur ses intentions, telles qu'elles lui apparaissent à la suite de son travail de recoupement et d'interprétation.

V. — LE COURANT ARRIÈRE-AVANT

Ce courant se dirige :
Des 2es Bureaux vers vers l'officier de renseignements.
De l'officier de renseignements aux unités en ligne.

I. — Réception des renseignements.

Les informations venant des 2es Bureaux qui atteignent l'officier de renseignements empruntent les formes les plus diverses : bulletins de renseignements, photographies aériennes, plans directeurs, rectificatifs aux plans directeurs, croquis perspectifs, etc...

Après avoir pris connaissance de tous ces documents, l'officier de renseignements doit chercher ce qui peut intéresser les unités en ligne, ce qui est susceptible d'exploitation par son corps et ce qui n'offre qu'un intérêt secondaire.

Puis il doit tirer les renseignements intéressant les unités et en faire deux lots — le premier contenant les renseignements urgents à ne pas différer — le deuxième contenant les renseignements pouvant attendre l'édition de la feuille de renseignements.

Ce travail de discrimination terminé, l'officier de renseignements diffuse les informations et documentations.

II. — L'envoi des renseignements.

Outre les renseignements qu'il communique directement par téléphone ou tout autre moyen aux unités, l'officier de renseignements est tenu de rédiger une feuille de renseignements destinée aux bataillons et aux compagnies.

a) *La feuille de renseignements.*

La feuille de renseignements destinée aux bataillons et compagnies, tirée le plus souvent à la pâte, a, en général, la forme suivante :

70e RÉGIMENT D'INFANTERIE

FEUILLE DE RENSEIGNEMENTS DU RÉGIMENT
(destinée aux Officiers et à la troupe)

1° Situation devant le Secteur :
2° Situation devant les secteurs voisins (secteur de droite et secteur de gauche) :
3° Renseignements généraux (concernant l'armée ennemie, son organisation, nos armements, etc.)...

Le............

L'Officier de renseignements,   Le Colonel,

La situation devant le secteur du régiment résultera du compte rendu journalier fait par l'officier de renseignements à la D.I., compte rendu dont il fera un résumé.

La situation devant les secteurs voisins sera connue de l'officier de renseignements par des conversations, soit avec les officiers de renseignements des régiments voisins, soit avec l'officier de renseignements divisionnaire.

Ces renseignements seront particulièrement précieux aux compagnies en période d'opérations actives.

Les renseignements généraux seront puisés dans les Bulletins journaliers, établis par l'Armée et le C.A. et dont un exemplaire est envoyé au régiment.

b) En plus de cette feuille journalière de renseignements, l'officier de renseignements transmet, en communication aux compagnies, les documents envoyés pour elles par les E.M. de la D.I.. du C.A. et de l'Armée (plans directeurs, photos aériennes, etc...).

Cette diffusion de documents est faite par ses soins et sous sa responsabilité. Il doit, lorsqu'il visite les compagnies et les P.C. de bataillon, s'assurer que les plans directeurs en usage sont bien ceux provenant du dernier tirage du G.C.T.A.

Le dossier du secteur

Il a été dit plus haut que le classement des renseignements mis au point devait aboutir à la constitution d'un dossier de secteur.

Le but du dossier de secteur est :

1° D'avoir un ensemble de documents toujours à jour, donnant la situation du secteur tant en ce qui concerne les organisations françaises et ennemies que l'ordre de bataille.

2° De renseigner de suite l'officier de renseignements nouveau en cas de relève.

C'est dans la tenue du dossier de secteur que s'affirmera l'esprit d'ordre et de méthode de l'officier de renseignements. Ce dossier doit comprendre :

a) Un plan directeur constamment tenu à jour, donnant la situation des travaux français et ennemis.

b) Une carte de l'ordre de bataille constamment tenue à jour.

c) Le cahier d'enregistrement des comptes rendus journaliers à la D.I.

d) Tous les documents de détail ayant été utilisées pour la mise à jour des documents a, b, c, (photos aériennes, bulletins de renseignements de l'armée et du C.A., etc...).

A) **Mise à jour du plan directeur.**

La mise à jour des plans directeurs se fait de la façon suivante :

En ce qui concerne les organisations ennemies, la mise à jour périodique du Plan Directeur est faite par le G.C.T.A. Mais cette mise à jour est longue (1 édition par mois au plus). Dans l'intervalle, des rectificatifs au plan directeur sont établis par la S.T.C.A. et la S.T.D.I., communiqués au régiment. C'est à l'aide de ces rectificatifs que s'opérera la mise à jour du plan directeur.

En période active, la tâche essentielle de l'officier de renseignements est la déterminaison du front tenu par son régiment. L'officier de renseignements qui n'a pu établir avec précision le front atteint par son unité, *manque à son devoir*.

Le plan directeur doit aussi être tenu rigoureusement à jour en ce qui concerne les travaux français. En opérations actives, il est nécessaire à chaque changement du front, de préciser quels sont dans le lacis des parallèles et boyaux et dans la masse des abris, les parties adoptées pour faire partie de la nouvelle position et remises en état à cet effet, et les parties inactives destinées à ne plus être entretenues.

B) Le deuxième document du dossier de secteur est *la carte de l'ordre de bataille ennemi.*

Ce document devra indiquer :

1° Les unités ennemies en face du régiment.
2° Les limites de leur secteur.
3° L'échelonnement des troupes.
4° Les itinéraires de relèves.

Il sera mis à jour d'après les renseignements fournis par les prisonniers.

C) Nous avons déjà parlé du *Cahier d'enregistrment des comptes rendus ;* celui-ci est extrêmement utile pour l'officier de renseignements qui relève.

A ces documents, il faut encore joindre quelques documents particuliers, comme le répertoire des *observatoires terrestres.*

La carte de l'activité de l'artillerie, laquelle détermine les points de chute des projectiles ennemis. Par ce moyen, on arrive à connaître les points battus et les heures auxquelles ces points sont battus le plus souvent. Ces points à éviter sont marqués à une distance suffisante dans tous les sens et des fiches sont établies pour les contourner. On évite ainsi beaucoup de pertes journalières ; d'autre part, ce document qui passe entre les mains des successeurs au moment d'une relève, leur est une précieuse indication ; il permet de les faire bénéficier d'une expérience précédente souvent coûteuse.

La carte des zones ypéritées qui, vis-à-vis de l'ypérite, répond au même but.

La discrimination. — Qu'il s'agisse de transmettre à l'autorité supérieure un renseignement émanant de l'avant ou qu'il faille diffuser jusqu'en première ligne une information reçue des 2es Bureaux, l'officier de renseignements aura toujours, pour permettre l'exploitation, un travail de discrimination à effectuer.

Mis en présence d'un renseignement, sa préoccupation constante devra être la suivante :

Qui intéresse-t-il ?

Est-il immédiatement exploitable ?

Y a-t-il lieu de le transmettre sur le champ ?

Cette opération qui consiste à dépouiller, à isoler le renseignement, à le soupeser, à prévoir l'accueil utile qui lui sera fait par tel ou tel destinataire, exige de l'expérience et un sens militaire avisé. Elle est essentiellement la tâche la plus délicate de l'officier de renseignements.

RENSEIGNEMENTS

HUITIÈME CONFÉRENCE

LE CONTRE-RENSEIGNEMENT

Si la recherche du renseignement incombe à certains organes d'information qui ont été définis, la conservation du « *secret* » exige de tous une prudence et une action soutenues.

Il importe en effet qu'à tous les échelons, certaines prescriptions soient rigoureusement observées pour empêcher l'ennemi de tirer profit de ses sources habituelles de renseignements.

Le maintien du secret exige ainsi une lutte tenace, fort complexe et de tous les instants. Comme pour la recherche du renseignement, le Commandement et les 2es Bureaux disposent d'un certain nombre de moyens particuliers. Ceux-ci sont *préventifs*, quand ils expriment les précautions destinées à rendre vaines les recherches de l'ennemi. Ils sont *agressifs*, quand ils ont pour objet de l'égarer par des informations volontairement erronées.

Dans ce dernier cas, ces moyens constituent le *contre-renseigne-ment.*

I. — Moyens préventifs

1° Le contre-espionnage. — La lutte contre l'espionnage incombe aux services de la Sûreté aux Armées et à l'Intérieur. Ces services peuvent être amenés à exercer certaines surveillances en territoire national, dans la zone des opérations, aux frontières. Tout militaire doit se soumettre au contrôle des postes de surveillance, ne pas les gêner, ni les entraver.

On ne doit pas hésiter à signaler toute personne suspecte, sans toutefois voir des espions partout.

2° Le choix rigoureux des personnes attachées à n'importe quel titre aux Ministères, aux Etats-Majors, aux grands services. L'expérience prouve en effet que les meilleurs espions sont ceux qui observent tout en remplissant très correctement en apparence leur fonction normale ou leur service.

3° La confection, la copie et la transmission des ordres d'opérations exclusivement confiées à des officiers.

4° La réglementation sévère de la circulation, afin d'empêcher les personnes suspectes de pénétrer dans la zone des armées.

5° La discrétion. — La discrétion dans les trains, les cafés, etc... est un devoir d'honneur pour tous, particulièrement pour les officiers. Pendant la guerre cet avertissement : « Taisez-vous, méfiez-vous, les oreilles ennemies vous écoutent » n'a pas toujours été suivi.

Un bavard, dit un document allemand, peut à lui seul causer plus de mal qu'une armée entière n'en peut conjurer.

— La discrétion dans la correspondance. En campagne, mention du lieu d'où l'on écrit ne doit pas être mentionné dans une lettre. Toute indication géographique peut servir l'ennemi pour la reconstitution de l'ordre de bataille.

— La discrétion et même le silence des prisonniers et habitants tombés dans les mains de l'ennemi doivent être absolus. Le soldat prisonnier refuse tout net de répondre quand on l'interroge.

— La discrétion dans l'emploi strictement réglementé des moyens de transmission pouvant être facilement captés par l'ennemi, en particulier des moyens de transmission électriques ou radio-électriques. Pour empêcher l'ennemi de capter les communications téléphoniques, les lignes téléphoniques doivent être à double fil ; il faut veiller à à leur entretien. Pour empêcher l'ennemi de tirer parti des messages captés, toutes les communications doivent être chiffrées. La clef ou code de chiffrement fréquemment changé. L'emploi de la T.S.F. doit être limité au minimum compatible avec les nécessités tactiques. On doit éviter toute indication qui ne soit pas réglementaire, et surtout ne jamais communiquer en clair, ni numéro d'unité, ni un nom propre.

Les Allemands ont sacrifié délibérément la rapidité et la simplicité des transmissions à l'observation rigoureuse du secret. Ils ont préféré compliquer un service, dût son rendement en souffrir, que de s'exposer à renseigner l'ennemi.

Un ordre de la 115e D.I. allemande. du 11 juin 1918, prescrit les mesures suivantes :

— 153 —

1° — Interdiction de construire en avant des postes de commande-
« ment de régiments d'autres lignes que les lignes des observatoires
« de l'artillerie et des minenwerfers. Enlever immédiatement *tous* les
« appareils installés en première ligne, y compris ceux des Comman-
« dants de secteur et des Commandants de bataillon. Les officiers
« seuls sont autorisés à se servir des lignes des M.W. et de l'artillerie.
« Il leur est rappelé que *l'ennemi entend des conversations et les
« exploite*. Les lignes reliant l'artillerie et les minenwerfers aux ob-
« servatoires dans une zône de 3 kilomètres en arrière des lignes
« seront bien isolées et à double fil. »

2° — Les postes de T. S. F. et de T. P. S. ne seront utilisés que pour
« transmettre des *communications importantes et d'ordre tactique*
« et seulement quand tous les autres moyens de liaison feront défaut.
En principe toute transmission en clair est interdite.

3° — Toutes les localités et organisations en avant de la brigade
« auront un nom conventionnel.

4° — L'attention est appelée à nouveau sur l'importance à donner
« aux liaisons optiques et à l'utilisation des projectiles porte-messa-
« ges. »

Pour la répression des indiscrétions commises par emploi abusif
de langage clair ou mauvaise utilisation des procédés de chiffrement
une surveillance est nécessaire, Elle incombe aux Sections d'Ecoute
d'Armée.

Un moyen certain d'enlever enfin à l'ennemi l'une de ses sources
de renseignements les plus précieuses est de n'emporter en première
ligne aucun document, règlement. journal de marche, ordre d'atia
que.

C'est à juste titre que l'Instruction Provisoire sur l'emploi tactique des grandes unités édicte les règles suivantes qu'on ne saurait
trop méditer :

« Dans la préparation de certaines opérations il sera souvent utile
« de prendre des précautions spéciales pour faciliter la conservation
« du secret. Il pourra alors être avantageux de limiier le nombre des
« officiers chargés de l'étude des projets d'opérations, de ne donner
« connaissance de ces projets que dans la mesure nécessaire à chacun
« pour établir son travail, enfin de ne mettre les Commandants des
« unités subordonnées et les chefs de service au courant des intentions
« du Commandement que *dans la limite et les délais nécessaires à
« une bonne exécution.* »

« *En général, on doit éviter que les ordres d'opérations adressés
« aux autorités subordonnées reproduisent l'ensemble des pres-
« criptions de l'autorité supérieure ; parfois les indications relati-
« ves à la conception générale de la manœuvre et aux intentions du*

« *Commandement pourront n'être communiquées que verbalement* ».

6° **Le camouflage.** — Par camouflage il faut entendre les mesures propres à dissimuler aux observateurs terrestres et aériens, non seulement les organisations défensives et les installations fixes (positions de batteries, observatoires, dépôts de munitions) mais encore les mouvements de colonnes, les rassemblements, l'occupation des cantonnements, en un mot toutes les formations et emplacements des troupes en guerre de mouvement.

En cours de déplacement :

Pour dissimuler à l'ennemi les mouvements des troupes (relèves — marche d'approche), ceux-ci devront avoir lieu de nuit ou par temps de brouillard. La circulation sur route, par temps clair, sera réduite au minimum. Les parcs de voitures ou d'artillerie seront établis de préférence dans les bois. Les lumières du cantonnement et des trains seront tamisées soigneusement. Les bivouacs, installés dans un pays découvert, doivent être dipersés. Les tentes appuyées aux taillis et dissimulées dans les chemins creux.

Au combat :

La troupe ne devra négliger aucun couvert, prendre la formation qui s'adapte le mieux à ces couverts, *choisir les itinéraires dont la couleur s'harmonise avec celle des uniformes.* L'approche des chars d'assaut sera masquée par des nuages de fumée ou des tirs d'obus fumigènes.

En situation stabilisée et en guerre de position :

Le camouflage permet seul d'échapper à l'indiscrétion de la photographie aérienne qui révèle avec une si grande netteté le détail des organisations défensives ennemies (tranchées — abris — emplacements de mitrailleuses et M. W. — réseaux de fil de fer), et les positions de batterie. Camoufler c'est ne pas modifier le caractère et l'aspect du terrain, tel qu'il s'offre au regard de l'observateur, de l'aviateur ou qu'il apparaît sur la photographie. A défaut de couverts naturels, on peut exécuter des travaux sous camouflage ; c'est-à-dire sous des filets tendus au-dessus du sol et recouverts de branchages, d'herbes de la couleur du terrain.

Il faut établir enfin une discipline rigoureuse des pistes. Les pistes nombreuses convergeant vers les pièces ou abris trahissent la position de batterie la mieux camouflée. Aussi doivent-elles être réduites au minimum. La circulation hors des boyaux doit être interdite. Les corvées, relèves, isolés, ne doivent utiliser que les chemins déjà tracés

7° La notion de sûreté aérienne, pratiquée par tous et devenue à tous comme inconsciente.

Lorsqu'un avion ennemi est signalé, chercher de suite un couvert sous les arbres ou les buissons, entrer dans les maisons, ou se défiler contre les murs et les haies — rester immobile.

Pendant les marches d'approche, utiliser les chemins secondaires à l'exclusion des grandes routes. Désigner des unités de mitrailleuses contre-avions dans les Bataillons et dans les Régiments.

8° La couverture aérienne des grands mouvements de troupe à certaines heures.

L'Instruction sur l'emploi tactique des grandes unités dit :

A proximité immédiate d'un adversaire en position, la marche d'approche est une opération délicate dont on ne peut concevoir l'exécution de jour que sous la protection de l'artillerie et d'une aviation nombreuse.

II. — Les moyens agressifs

1° Les fausses manœuvres ou manœuvres ayant pour but de masquer à l'ennemi l'effort principal que l'on dirigera contre lui.

Les Allemands envisagent dans leurs règlements deux procédés :

a) — Le « Verschleierung » ou constitution d'un rideau en avant du front et sur les flancs. Les mesures à prendre à cet effet sont de nature offensive et défensive, leur exécution incombe principalement aux avions et à la cavalerie.

b) — Le « hinhaltendes Gefecht » ou combat de bluff et d'usure destiné à tromper l'ennemi, à l'accrocher et à gagner du temps.

Ces manœuvres sont rendues faciles aujourd'hui par l'emploi des armes automatiqces, des travaux de campagne, des canons à longue portée, des autos-mitrailleuses, qui permettent de tenir de grands fronts avec des effectifs faibles, et de se dérober facilement à l'étreinte de l'adversaire, surtout de nuit.

2° Les faux renseignements par la presse nationale, ou neutre, les espions, la diffusion de certains bruits tendancieux ; *la mise en œuvre partielle de plans d'opérations fictifs.*

Il est en outre possible de faire croire à l'arrivée des réserves, à des relèves, à des renforcements, en augmentant dans un secteur donné la densité des postes radio-télégraphiques. Les sections de repérage par le son peuvent être également mises en défaut par de fausses détonations n'émanant pas de l'artillerie réellement en secteur. Par des communications tendancieuses à la presse, des discours, des interview la propagande adverse peut déclancher de véritables offensives morales. La guerre 1914-1918 en fournit plusieurs exmples

L'emploi de ces moyens agressifs, ou de la plupart de ces moyens reste toutefois du ressort exclusif du Haut-Commandement.

Conclusion

La mise en garde contre les organes d'investigation ennemie ne sera véritablement fructueuse qne si la discrétion dans les conversa. tions, les correspondances, au téléphone, est absolue à tous les échelons de l'échelle hiérarchique. Elle sera d'autant plus efficace que les troupes seront familiarisées avec les précautions à prendre contre les vues terrestres et aériennes de jour et de nuit et seront plus habituées à utiliser habilement le terrain et à se servir du camouflage.

Il faut arriver par des mesures au besoin draconniennes, à instaurer une discipline rigoureuse des esprits, des habitudes et des mouvements qui amène les individus et les troupes... au silence d'abord... à l'invisibilité ensuite.

Ouvrage consulté : Revue militaire française.
La lutte contre les services de renseignements ennemis
(Commandant Mabille).

ANNEXE No I

Renseignements recueillis par un Poste d'écoute à la suite d'une attaque française par les gaz, le 14 novembre 1916 dans le secteur de La Harazée.

8 novembre 1916.

22 h. 24. — Secteur ! Groupe. Attaque au gaz. Il nous faut le soutien de l'artillerie.

Que les batteries n'aillent pas tirer trop court ! Qu'elles augmentent plutôt la distance.

Ici le central. N'ouvrez pas le feu.

23 h. 31. — Groupe I. — Ouvrez le feu.

Toutes les batteries : Ouvrez le feu — Central, l'observateur III, je vous prie.

22 h. 54. — L'affaire n'a pas marché dans l'infanterie.

— S'ils avaient rendu compte de la chose immédiatement, le tir de notre artillerie aurait pu y mettre l'ordre dès le début.

— Dis donc ! J'ai une nouvelle cartouche heureusement et j'en étais bien content. Nous avons à nous plaindre de l'infanterie. Il y a bien une espèce de cloche, mais elle a sonné que longtemps après. Il m'a fallu courir de tous côtés ; j'ai fini par les trouver. Ils étaient assis tous sur les escaliers et ne savaient plus que faire. J'espère que cela ne se produira plus.

23 h. 06. — Ici l'Obs. I. — Donc, à 11 h. 15 tout le monde a été alerté puis l'observatoire II a demandé un tir d'artillerie de sa propre autorité, sans seulement nous en avertir.

— La nappe arrivait assez dense et tous avaient les masques. Dans mon secteur, il ne s'est rien passé. Je ne suis pas loin du commandant de compagnie. Si vous avez quelque chose pour lui, mon Lieutenant.

23 h. 35. — Puis-je avoir le Lieutenant Schmidt ? Ici, l'observateur II. Sous-officier Hufland de l'observatoire II, observateur. J'étais personnellement là-bas, sur la banquette de tir, avec le Commandant de Cᵉ et j'ai pu observer toute l'action La nappe de gaz était très dense

mais évidemment trop courte. Ensuite tout s'est voilé et l'artillerie ennemie s'est mise à tirer, puis il y eut des grenades à main et les mitrailleuses ont tiré.

23 h. 41. — Oui. Isebeck-Nord. Mester est très indisposé. Borwosky l'a descendu à Schwabenschlucht, chez le médecin.

— Il n'avait donc pas de masque ?

— Si, il a son masque. Mais l'alerte a été donnée trop tard et il a pris une bonne prise. Il y en a quelques-uns ici, déjà qui ont claqué.

9 novembre 1916.

9 h. 05. — Ici le bureau. Voici le Capitaine.

Lieutenant Kran, pouvez-vous me rendre compte, je vous prie, comment l'affaire des gaz s'est passée hier ?

Oui, mon Capitaine, je vais vous lire le compte rendu. Ecrivez, je vous prie : La nappe de gaz fut lancée à 11 heures. C'était un nuage blanc qui s'étendait très vite, bien que le vent ne fût pas bien fort. En même temps que la nappe de gaz, il y eut une surprise par le feu sur le secteur II-12. La nappe de gaz resta un quart d'heure dans les tranchées. On put ensuite se risquer à sortir. L'odeur était très désagréable et insupportable. On observa chez les hommes des quintes de toux, des vomissements, des crachements de sang. La nappe n'était pas très dangereuse ici, comme à la 4e Cie. Je n'ai pas d'autres précisions jusqu'à présent. Nous avons beaucoup de malades, mon Capitaine.

13 h. 14. — Obs. II. — Ici.

— Ecoutez donc. Il y a encore quelques hommes ici qui ont reçu des gaz hier. Ils ne peuvent pourtant pas rester ici. Il faut les transporter plus à l'arrière.

ANNEXE N° II

Traduction d'un Rapport de la VII° Armée Allemande sur les résultats du Service Radiogoniométrique et des postes d'écoute téléphonique pendant la semaine du 1er au 7 juillet 1918.

Chef du Service des liaisons
de la VII° Armée

Service des Renseignements

Dr. N° 50 982

SECRET

Au Q. G. A., le 9 juillet 1918

RAPPORT HEBDOMADAIRE
du 1er au 7 juillet 1918

Renseignements tactiques

Armées. — La X° Armée a été identifiée pour la dernière fois, le 3 juillet, par la mention du nom d'un Officier radio, la VI° Armée par la localisation inchangée du poste météorologique M B Y à Trilport. De plus, il se confirme d'après le trafic de T.S.F. que la V° Armée (Q. G. à Montmort) se trouve toujours en secteur.

XVIII° C. A. — La présence du 18° C. A. a été identifiée sur le front presque quotidiennement, en dernier lieu, le 7 juillet, par la mention de noms de sapeurs radio. Les deux divisions, placées sous le commandement de ce C. A. (38° et 15° D. I.) ont été également identifiées quotidiennement sur le front par leur trafic de T. S. F. et de T. P. S. inchangé. D'après un message de T. S. F. du 7 juillet déchiffré par nous, la 2° D. Cuir. appartiendrait également au 18° C. A. Son poste divisionnaire serait à Sainte-Claire-Château, à l'ouest de Rothondes.

2° D. Amer. — Dans le secteur de la 2° D. Amer. les écoutes ne trahissent que des transmissions de genre purement français. Seule l'exploitation de T. S. F. donne lieu, par moments, à des transmissions de texte clair anglais. Cette division ne peut être reconnue à aucune manipulation caractéristique.

39e D. I. — Cette unité a remplacé la 10e D. Col. dans la nuit du 29 juin et trahit journellement sa présence par une manipulation particulièrement caratéristique.

3e D. Amer. — Au début de la période d'étude, on pouvait reconnaître, d'après les écoutes que des éléments de la 3e D. Amer avaient été intercalés entre les unités françaises. Vers la fin de cette période, les appels de la 3e D. Amer et du texte clair anglais n'étaient plus entendus que dans le secteur, à l'est de Château-Thierry, d'où on pouvait conclure que la 3e D. Amer était intégralement en secteur entre Château-Thierry et la région à l'est de Fossoy.

Secteur de division Fossoy-Courthiézy. — Peu d'interceptions de T.S.F. dans ce secteur, néanmoins suffisantes pour indiquer la présence de troupes françaises.

La Marne rendant les écoutes de T.P.S. difficiles, nous ne possédons que peu d'interceptions de ce genre.

2e D. Col. — La 2e D. Col. paraît être toujours en secteur immédiatement à l'est du canal (Trafic caractéristique de T.S.F. et de T.P.S., ainsi que citations de noms).

II. — Trafic de T. S. F.

Le changement quotidien d'indicatifs, qui a commencé dans la nuit du 30 juin au 1er juillet sur l'ensemble du front, semble constituer une mesure de camouflage soigneusement préparée par l'ennemi et affectant tous les postes depuis le Q. G. A. jusqu'aux échelons les plus avancés:

Les indicatifs sont tous composés de nombres avec ou sans lettre index et donnant ainsi à tout le système des liaisons de T. S. F. un caractère d'uniformité.

Cependant, l'affectation des postes isolés, par armée, peut être reconnue d'après l'aspect général de leur groupement.

La 10e Armée utilise de préférence les indicatifs commençant par 2, 4 et 5 ; la 6e Armée emploie presque exclusivement les initiales 0, 6, 9, tandis que les indicatifs de la 5e Armée correspondent dans l'ensemble à ceux de la 10e Armée.

Une répétition de groupes d'indicatifs n'a pas encore été observée, mais on trouve des répétitions d'indicatifs isolés, affectés à des postes différents. Aucun schéma n'a pu être établi jusqu'ici.

Le changement quotidien des indicatifs dans le trafic en O. E. rend naturellement difficile la reconstitution intégrale du réseau de T.S.F. — Il convient d'ajouter que, certains jours, l'ennemi a procédé avec soin, sur tout notre secteur, à des essais de camouflage par liaisons latérales et souvent par changement de longueurs d'onde. Ces essais ont été exécutés à l'intérieur de groupements définis et paraisssant avoir été ordonnés par une autorité supérieure.

Les postes à O.A. ont également changé d'indicatifs, le 1ᵉʳ juillet, mais n'ont pas adopté de changements quotidiens dans la suite. Les nouveaux indicatifs des postes en O.-A. des 5ᵉ et 6ᵉ Armées françaises ont persisté. Les postes de la 10ᵉ Armée ont procédé à un nouveau changemeut d'indicatifs, le 6 juillet. Même dans le trafic en O B. (probablement, faute d'impression, devrait être en O.A.). La composition de certaines unités est devenue difficile à établir par suite de l'application méthodique et soigneuse des mesures de camouflage (liaisons latérales, silence presque complet de la T.S.F., etc...) notamment dans le secteur au nord de Dormans-Dammard.

Ces secteurs seront l'objet de nouvelles recherches goniométriques plus précises.

39ᵉ Div. Inf. — Réseau en O.A. X 6-16-S 8-W 2 et V B 1. Messages T.S.F. caractéristiques en groupe de 3 lettres.

3ᵉ Div. Amér. — Réseau en O.A.-S 6-e 8-Y 5-B 8. Manipulation caractéristique des Américains et texte clair en englais ?

Noms : Smith, Rolfe.

...? **D. I.** — Réseau en O.A. W O-F 4. Faible activité.

III — T. P. S.

Dans la nuit du 30 juin au 1ᵉʳ juillet, l'ennemi a procédé à un changement total de tous les indicatifs des postes de T.S.F. et de T.P.S. sur tout le front de l'Armée. Cette mesure paraît avoir été ordonnée par le commandement en Chef français, car elle s'est étendue simultanément aux 5ᵉ, 6ᵉ et 10ᵉ Armées françaises. Pareil fait n'avait encore jamais été observé. Certaines divisions, telles que les 11ᵉ, 1ʳᵉ et 128ᵒ D.I. n'ont effectué ce changement que partiellement au cours de la première journée, les opérateurs de T.P.S. n'ayant pas encore été habitués aux nouveaux indicatifs. La 153ᵒ D. I. a travaillé, le 1ᵉʳ avec ses anciens indicatifs, n'ayant pas reçu la nouvelle répartition à temps (d'après le contenu d'un message de T.S.F. intercepté dans lequel elle demandait au C.A., le 1ᵉʳ juillet, la liste d'indicatifs pour elle et la 87ᵒ D. I., ne l'ayant pas encore reçue).

Le changement des indicatifs s'ajoutant à l'excellente discipline de réseau (8 à 26 divisions engagées en face de notre front n'ont transmis que des essais de transmission), démontre la peine que se donne l'ennemi pour nous empêcher de reconnaître les divisions engagées d'après leur particularités de travail. La 10° Armée française s'est particulièrement distinguée dans ce sens, tandis que, dans les 5° et 6° Armées, plusieurs divisions ont pu être identifiées d'après leurs caractéristiques de travail.

Ainsi, la 2° D. Col. transmet quotidiennement des noms de sapeurs de T.P.S. auxquels se joignent de petits messages en clair, des salutations, renseignements sur l'arrivée du courrier, etc...

Les Américains travaillent à la française. Ils se servent de signaux Morse internationaux et non des signaux américains. Seule la 4° D.I. amér. a trahi par moment sa nationalité en transmettant des messages brefs en clair.

Les 3° et 8° D. Ital. se servent également des règles de service françaises et manipulent à la française Des messages en clair n'ont pas été entendus dans le secteur italien au cours de la semaine. Les opérateurs se sont cependant trahis à trois reprises par l'utilisation du terme « da » entre les indicatifs au lieu d'employer le « de » français.

IV. — Téléphone

Les liaisons téléphoniques ennemies n'ont concerné que des commandements de tir, au cours desquels on a été à nouveau frappé par la remarquable discipline de langage des Français, qui ne mentionnent jamais un nom, une distance, un carré de plan directeur ou une unité. (Nous n'avons entendu que des communications françaises).

ANNEXE N° III

Deux ordres de Ludendorff, relatifs au rendement des interrogatoires des Prisonniers Allemands et Français.

Chef d'Etat-Major Général
de l'Armée en campagne la.
     n° 8626 Op   G.Q.G., 10 juin 1918.

Un document capturé, provenant du 2ᵉ C.A. français et daté du 26 mai, prouve que deux soldats allemands appartenant au 7ᵉ Régiment de chasseurs (197ᵉ D.I.), faits prisonniers au Nord du Chemin des Dames dans la nuit du 25-26 mai, on révélé à l'ennemi notre attaque imminente. Vraisemblablement ils ont dit tout ce qu'ils savaient des préparatifs faits dans leur secteur et dans les secteurs voisine. L'ennemi a pu connaître ainsi les détails précieux concernant l'heure et la forme de notre attaque, la préparation d'artillerie, les unités engagées, etc...

Un autre document daté du 26 mai et tombé entre nos mains montre que l'ennemi, s'attendant à notre attaque, a alerté ses troupes contre les gaz et amené en position, sur les hauteurs entre Aisne et Vesle, les réserves dont il disposait en cet endroit du front (13° D. I.); la résistance de cette division a coûté la vie et la santé à de nombreux soldats allemands.

Sans la trahison commise par ces deux prisonniers, la surprise du 27 mai aurait pleinement réussi, le succès aurait pu être encore plus grand qu'il n'a été.

Il est établi de même que notre attaque du 9 juin a été connue de l'ennemi par des déclarations de prisonniers qui seules l'ont déterminé à se préparer à cette attaque.

On est frappé de voir la précision et la richesse de détails des renseignements que nos ennemis obtiennent des prisonniers allemands.

Je demande que des ordres soient donnés afin que l'on instruise sans relâche et avec une insistance extrême les troupes en campagne et celles de l'intérieur sur la conduite à tenir en cas de capture, en leur faisant voir le caractère honteux et les conséquences funestes d'une semblable attitude. Je demande également que les Armées publient dans les journaux qu'elles éditent le texte du présent ordre et des articles inspirés par le même souci. La plupart des hommes qui ont le malheur d'être faits prisonniers ne se rendent pas compte (contrairement aux déserteurs) de la mesure dans laquelle des déclarations, même concernant des objets insignifiants, non seulement mettent en péril la vie de leurs camarades, mais compromettent le succès de nos attaques et de nos coups de main. La conduite infâme de certains, peut notamment avoir des répercussions extrêmement graves sur l'issue victorieuse de la guerre, elle peut causer les plus grands préjudices à l'ensemble de la Patrie.

Le soldat qui refuse de parler s'honore lui-même, conserve une conscience nette à ses propres yeux et à ceux de son chef suprême et de son pays, et finit par forcer le respect de l'adversaire.

P. O. LUDENDORFF.

ANNEXE N° IV

Quelques radiotélégrammes allemands interceptés par les Services d'écoute français pendant la « Course à la mer » (Octobre 1914)

3 octobre à 8 h. 30. — MARWITZ à 1re Armée.

1er et 2e Corps Cavalerie Région Arras. Chasseurs ici près du 1er C. A.

3 octobre à 12 h. — MARWITZ à Cavalerie Garde.

Son Altesse Royale ordonne au 1er C. C. se porter au Nord du 1er C. R. B. Ne pas engager combat avant d'être dans direction DOUL-LENS.

3 octobre 16 h. 40. — 5e division Cavalerie à Division Cavalerie Garde.

Impossible passer par sud-ouest d'Arras à cause de la bataille. Avons essuyé violent feu d'artillerie près de Croisilles. Je tâcherai de me joindre demain à vous, au cas où la situation ne serait pas changée.

5 octobre. — MARWITZ à 6e Armée.

Mission cavalerie pour aujourd'hui continue être d'interrompre voies ferrées Lens, Arras, Doullens, Saint-Pol, Béthune. Chercherai à percer par Aix-Noulette.

5 octobre. — MARWITZ à 6e Armée.

Nombreux fossés coupant la région entravent ma cavalerie. Demande infanterie ou tout au moins restitution de mon bataillon chasseurs. Ravitaillement en munitions très difficile.

5 octobre. — 6e Armée à MARWITZ.

Situation rend impossible fournir infanterie.

5 octobre. — Division Cavalerie Bavaroise à Division Cavalerie Garde.

Hier 6 h. 25 D.C.B. a rejeté sur Lille 3 régiments infanterie ennemi aux environs de Meurchin ; 6 D. C. et D. C. B. vont marcher aujourd'hui sur Armentières ; 3e D. C. empêchée déboucher de Sainghin.

5 octobre 15 h. 32. — G.Q.G. à MARWITZ.

Garde fait mouvement de conversion le nord dans le flanc ennemi au Sud Arras; 2e D.C. s'avance vers l'Ouest; Ennemi effectue transports d'Arras sur Doullens. Ne plus laisser l'ennemi s'échapper.

5 octobre 20 h. 03. — 6e Armée à MARWITZ.

De la part de sa Majesté l'Empereur.

2e C. C. et 2e D.C. ennemis battent en retraite d'Arras vers l'Ouest Transports sur voies ferrées Arras - Saint-Pol et Arras - Doullens sont à empêcher rapidement.

6 octobre 15 h. 20. — G.Q.G. à Cavalerie Bavaroise.

Mission 4e C. C., à savoir percer le plus vite et le plus loin possible dans le dos de l'ennemi placé en face aile occidentale de l'Armée, subsiste sans restriction.

ANNEXE N° V

Un ordre de Ludendorff

Chef d'Etat-Major Général   Le 20 juin 1918.
  de l'Armée

la n° 8836 — SECRET

Ces derniers temps, les cas se sont multipliés de prisonniers français donnant extraordinairement peu de renseignements.

Ils disent en général être arrivés récemment en renfort au régiment ou revenir de permission.

Il semble que ces hommes ont été stylés, et non sans succès, à répondre en cas de capture, comme il vient d'être dit, et qu'ils évitent ainsi de s'entendre poser de nouvelles questions, sans avoir à craindre pour cela des mesures de représailles.

Je prie d'instruire la troupe dans ce sens.

P. O. LUDENDOFF

TABLE DES MATIÈRES

CINQUIÈME CONFÉRENCE

Le Service de renseignements de l'Artillerie

SIXIÈME CONFÉRENCE

Le Service de renseignements dans l'Aéronautique

SEPTIÈME CONFÉRENCE

L'Officier de renseignements régimentaire

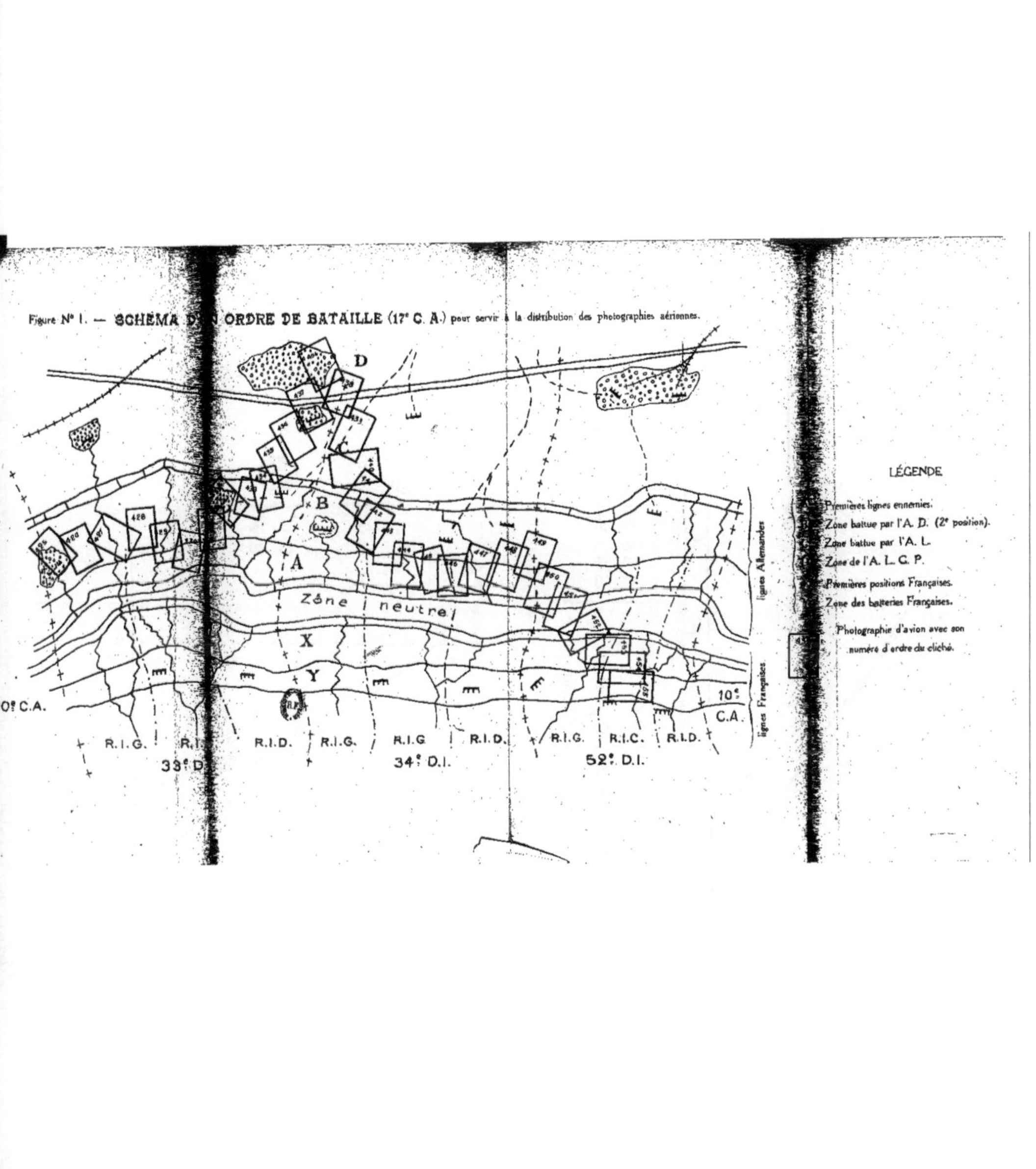

Figure N° 1. — SCHÉMA D'UN ORDRE DE BATAILLE (17e C. A.) pour servir à la distribution des photographies aériennes.
D
C
B
A
Zône neutre
X
Y
9e C.A.
10e C.A.
lignes Allemandes
lignes Françaises
R.I.G. R.I. R.I.D. R.I.G. R.I.G R.I.D. R.I.G. R.I.C. R.I.D.
33e D. 34e D.I. 52e D.I.
LÉGENDE
Premières lignes ennemies.
Zône battue par l'A. D. (2e position).
Zône battue par l'A. L.
Zône de l'A. L. G. P.
Premières positions Françaises.
Zône des batteries Françaises.
Photographie d'avion avec son
numéro d'ordre du cliché.

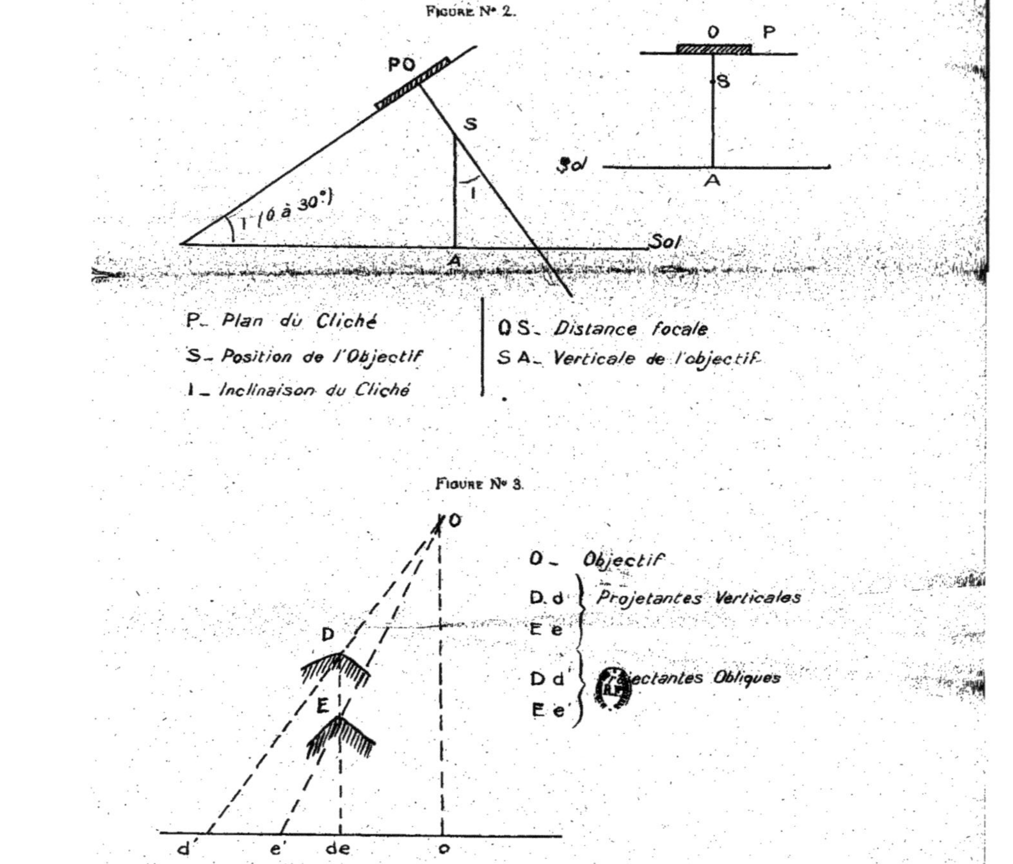

FIGURE Nº 2.
PO
O   P
S
S
Sol
A
I
I (0 à 30°)
Sol
A
P— Plan du Cliché
S— Position de l'Objectif
I— Inclinaison du Cliché
O S— Distance focale
S A— Verticale de l'objectif

FIGURE Nº 3.
O
D
E
d'   e'   de   o
O— Objectif
D. d
E e   Projetantes Verticales
D d'
E e'   Projetantes Obliques

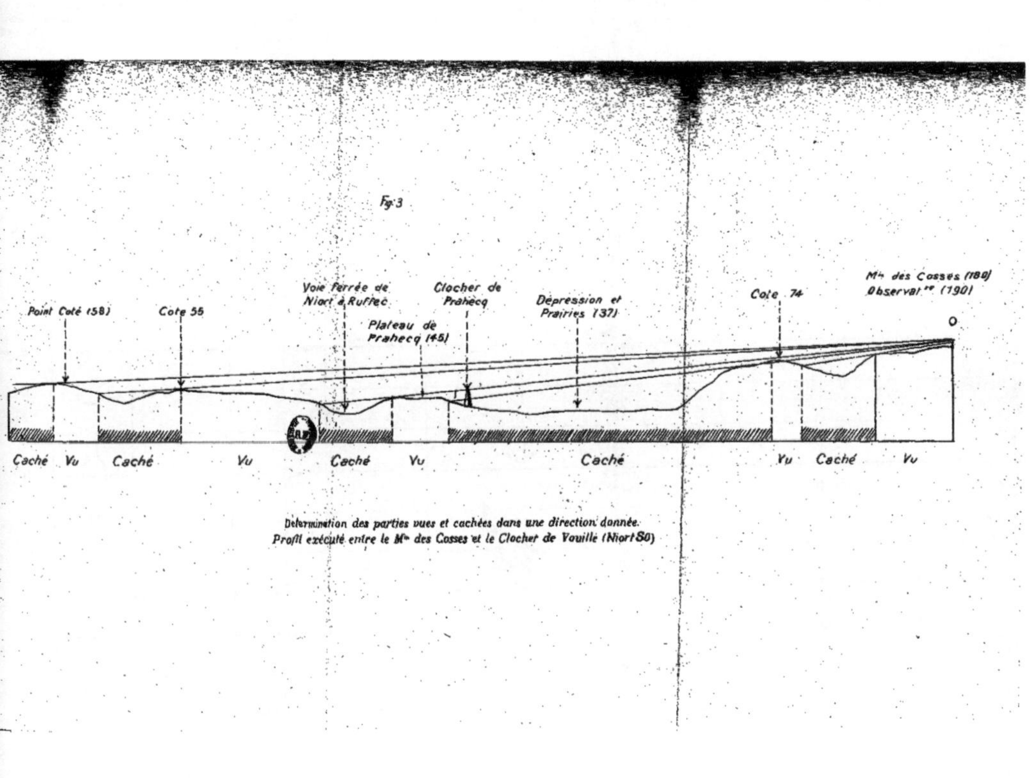

Détermination des parties vues et cachées dans une direction donnée.
Profil exécuté entre le Mⁿ des Casses et le Clocher de Vouillé (Niort 80)

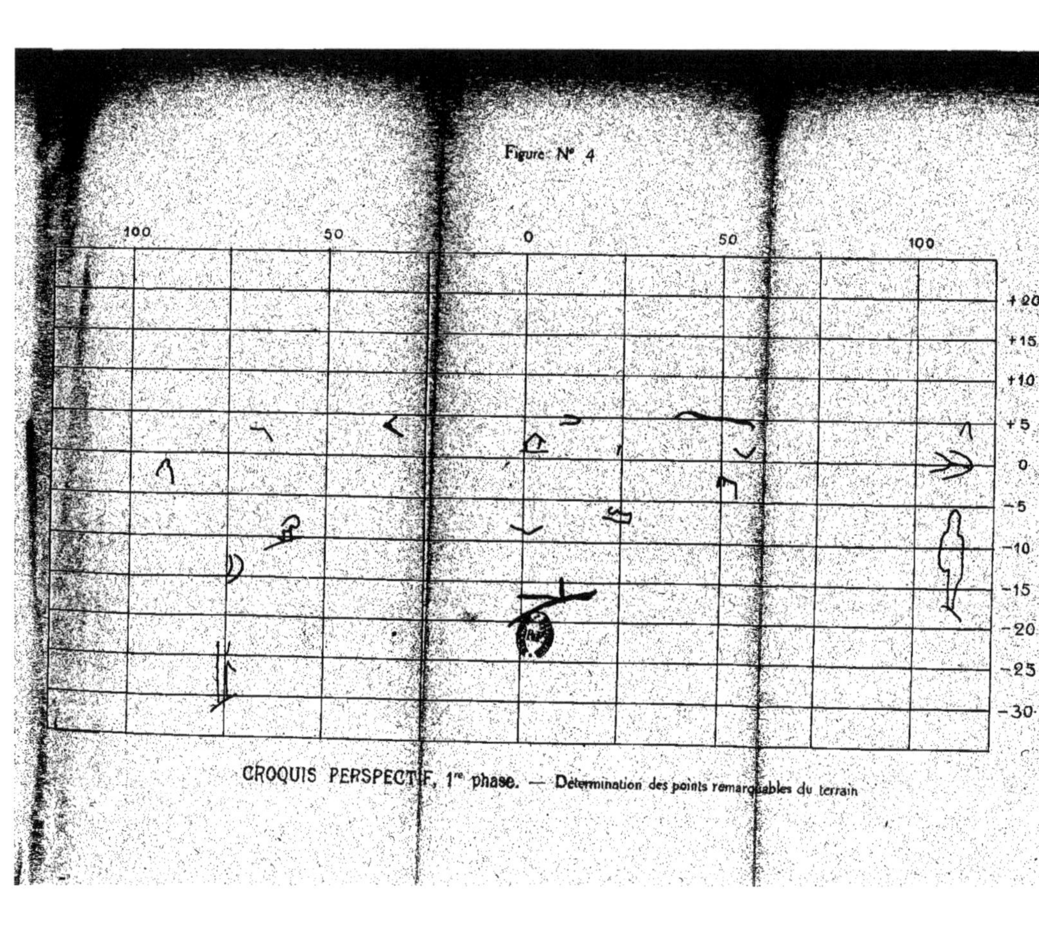

CROQUIS PERSPECTIF, 1re phase. — Détermination des points remarquables du terrain

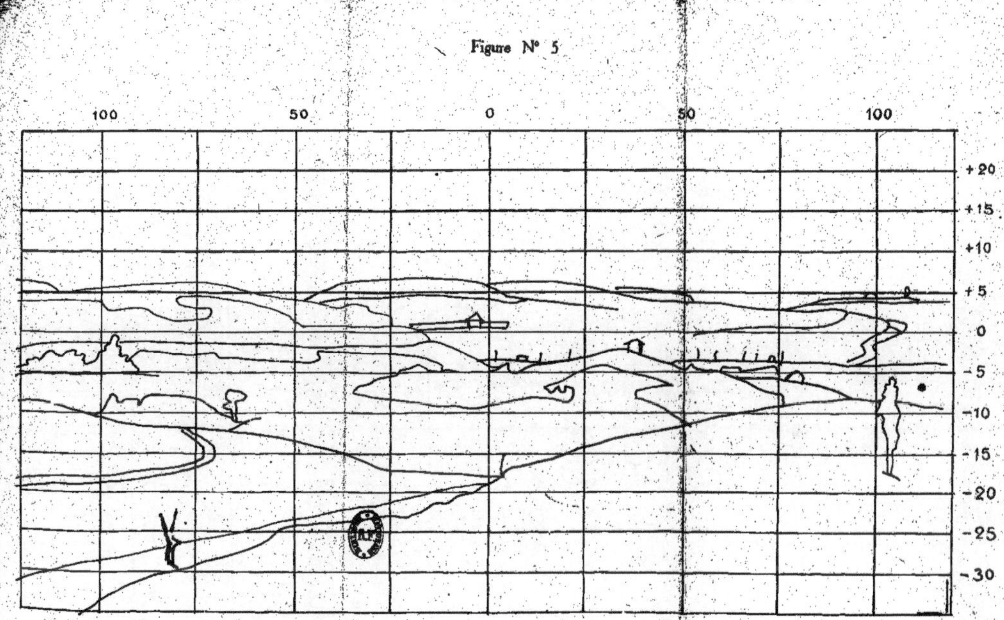

CROQUIS PERSPECTIF, 2e phase. — Figuré des lignes remarquables du terrain.

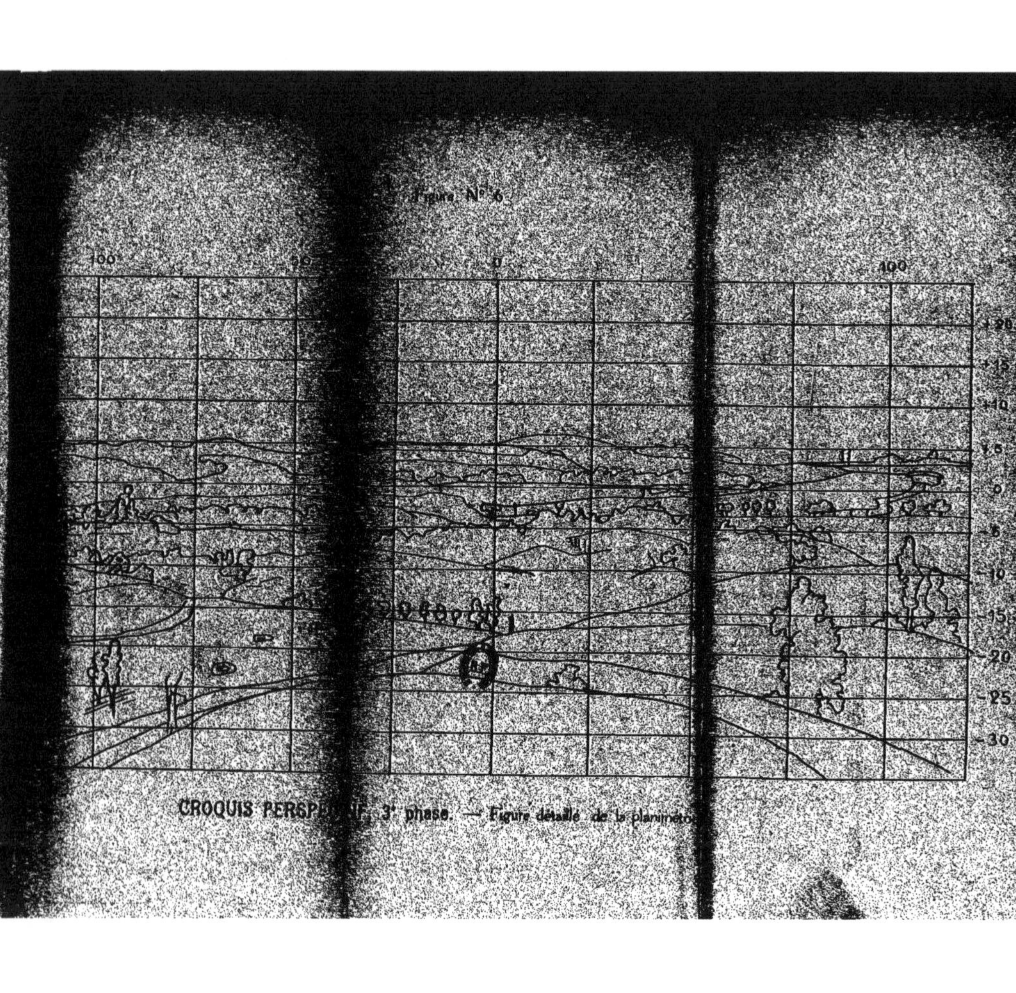

Figure Nº 6
100°
0
100°
CROQUIS PERSPECTIF, 3ª phase. — Figure détaillé de la planimétrie

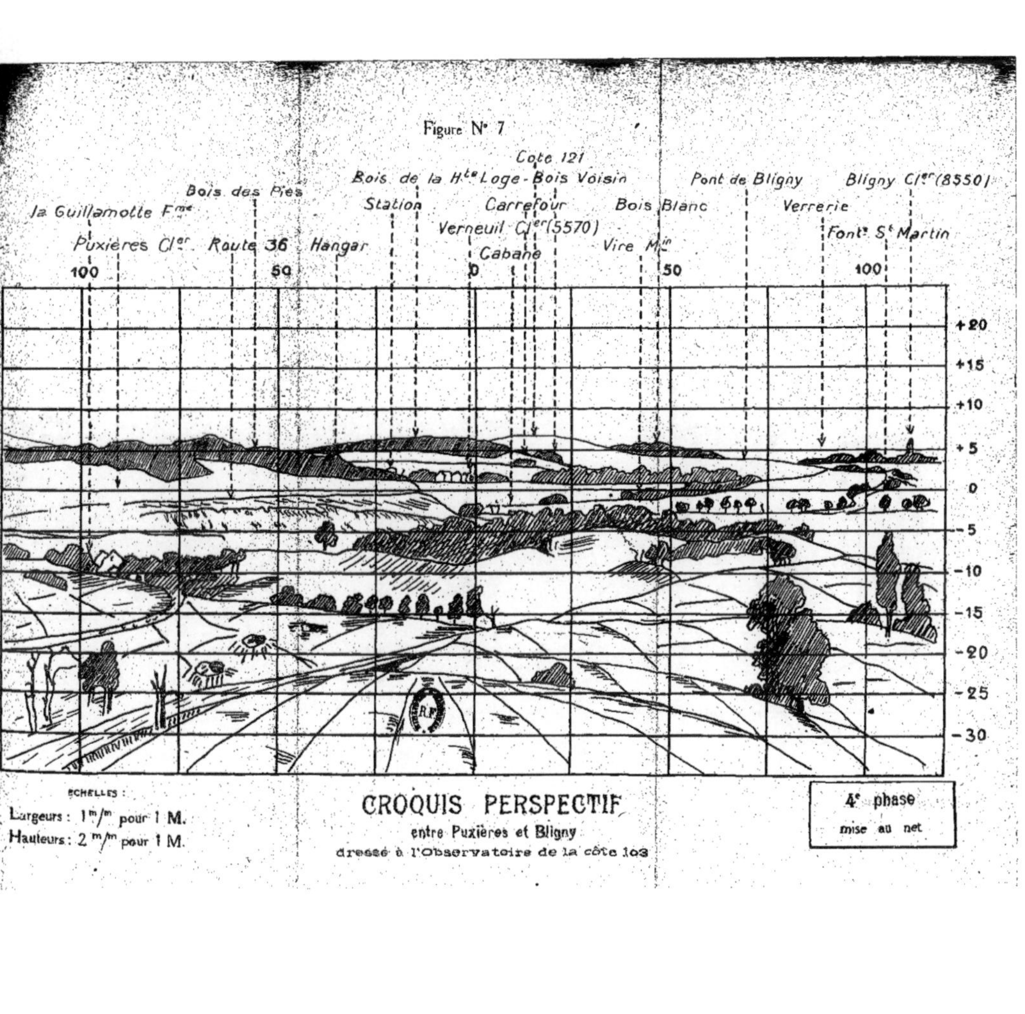

Figure Nº 7
Côte 121
Bois de la H.te Loge - Bois Voisin
Pont de Bligny
Bligny Cler (8550)
Bois des Pies
Station
Carrefour
Bois Blanc
Verrerie
la Guillamotte Fme
Verneuil Cler (5570)
Fontᵉ Sᵗ Martin
Puxières Cler. Route 36 Hangar
Cabane
Vire Mlin
100
50
0
50
100
+20
+15
+10
+5
0
-5
-10
-15
-20
-25
-30
ÉCHELLES :
Largeurs : 1 m/m pour 1 M.
Hauteurs : 2 m/m pour 1 M.
CROQUIS PERSPECTIF
entre Puxières et Bligny
dressé à l'Observatoire de la côte 163
4ᵉ phase
mise au net

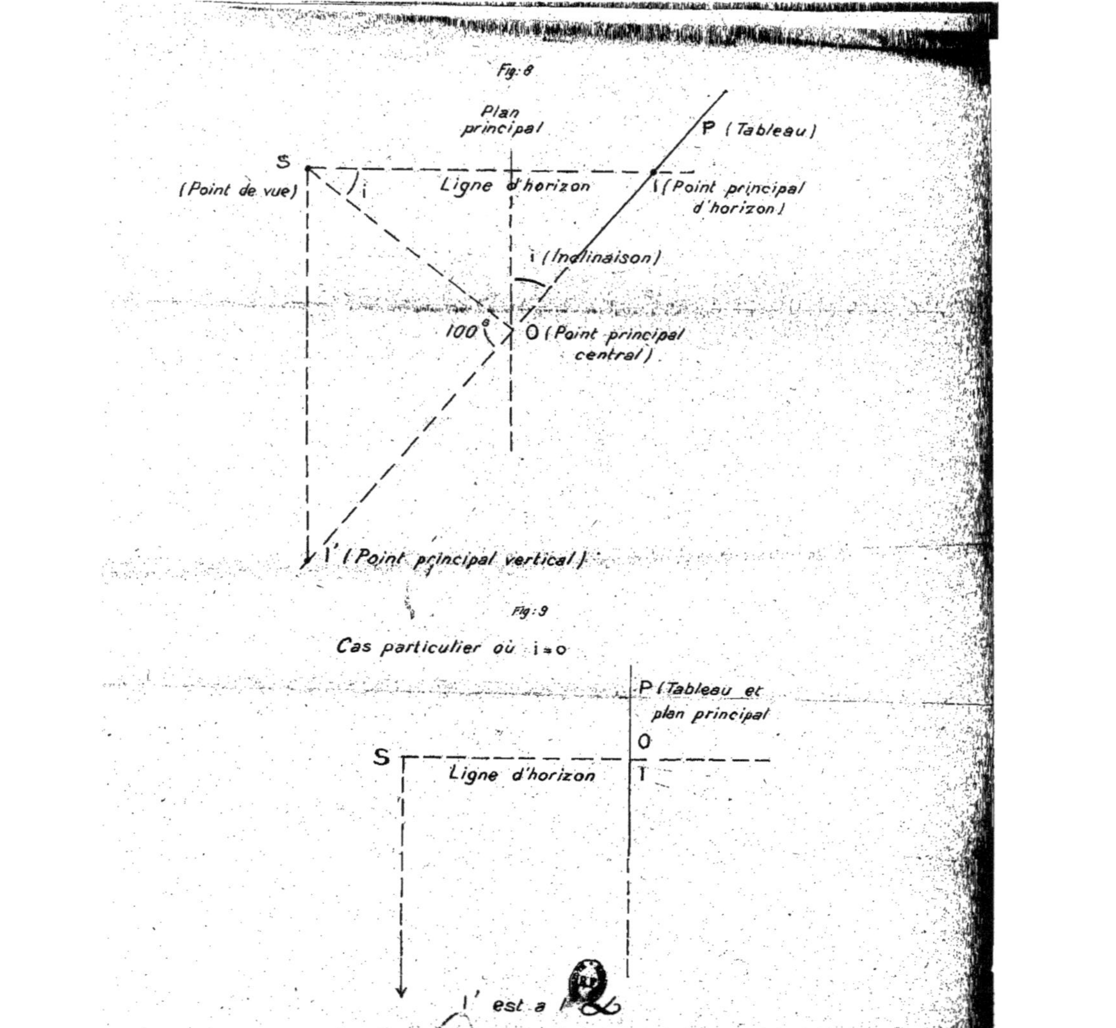

Fig. 8
Plan principal
P (Tableau)
S
(Point de vue)
i
Ligne d'horizon
I (Point principal d'horizon)
i (Inclinaison)
100°
O (Point principal central)
I' (Point principal vertical)
Fig. 9
Cas particulier où i = o
P (Tableau et plan principal)
O
S
Ligne d'horizon
T
I' est à l'∞

www.ingramcontent.com/pod-product-compliance
Ingram Content Group UK Ltd.
Pitfield, Milton Keynes, MK11 3LW, UK
UKHW022020170726
13837UKWH00001B/310